話し方 マナー 演出 のコツがわかる

結婚式
短いスピーチ

ひぐちまり 監修

高橋書店

感謝と、幸せを願う気持ちを
スピーチに込めて

一昔前、「儀式」や「けじめ」がおもな目的だった結婚式・披露宴は、昨今、新郎新婦が両親をはじめ、お世話になった方に感謝を伝え、おもてなしをする場へと変わってきています。

参列者も親族や友人など、新郎新婦にとって非常に近い関係の方が中心になっています。参列者もふたりの大切な日に、ふたりのことをより深く知り、いろいろな感動に立ち会いたいと心から願っている人ばかりと言えるでしょう。

多くの場合、参列者は、新郎新婦のどちらかと初対面になります。ですから、お祝いのスピーチは参列者にとって、新郎（または新婦）の人柄を知る機会でもあるのです。

このような結婚式・披露宴では短いスピーチが映えます。短いからこそ、人前で話すことが苦手な方でも、組み立てのポイントさえ押さえれば、だれでもすてきなスピーチができます。新郎新婦がかかわった多くの人のなかからお招きいただいた感謝の気持ちと幸せを願う気持ちを土台に、ふたりの人柄が感じられる具体的なエピソードを盛り込みましょう。かぎられた時間のなかで、はっきりよく通る声で、にこやかに話すことができれば、聞いた人の心に残るスピーチになるはずです。

本書はスピーチの組み立て方や、エピソードの選び方と豊富な事例、そして練習のやり方から当日あがらないための方法まで網羅しています。スピーチの準備を進めるための、よきパートナーとなることを心から願っています。

ひぐちまり

Contents

Chapter 2 友人・同僚・親族のスピーチ

新婦側

新郎新婦共通

親族のスピーチ文例

新郎側

新婦側

Chapter 3 両親・親族の謝辞

両親の謝辞文例

新郎側

Contents

Chapter 4 披露パーティー・二次会でのスピーチ

本書の使い方

まず「スピーチの基本と原稿の作り方（9ページ〜）」で、
基本を押さえてください。

▼

Chapter 1〜4から、自分の目的に近いものを選び、
冒頭の解説ページを読んで準備をととのえましょう。

▼

文例を参考に原稿を作成し、練習してください。

＜文例ページのマークについて＞

● どの立場でのスピーチ例かがすぐにわかるように、3つに分類しています。

新郎側　新婦側　新郎新婦共通

● 本書は文例の性質を3つに分類しています。
めざす方向性に合ったスピーチを探す基準にしてください。

格調高く　会場を上品に盛り上げるような文例

明るく　聞いていて楽しい、笑いを誘うような文例

しみじみ　涙を誘うような、感動に満ちた文例

● スピーチをさらによいものするためのテクニックや知識などを紹介しています。

Step up

文例のポイントとなる箇所に線を引き、下段でくわしく解説しています。

Introduction

スピーチの基本と原稿の作り方

一般的な披露宴の流れ

Start

会場到着

30分前には到着し、できれば新郎新婦や両親、司会者にあいさつ（29ページ参照）をしておく

2 受付

芳名帳に記名して、ご祝儀（12ページ参照）を渡す

3 着席

手洗いをすませ、携帯電話の電源を切る

4 新郎新婦入場

5 開宴の辞（司会者）

6 ウエルカムスピーチ（新郎）

7 プロフィール紹介（司会者）

8 主賓のスピーチ

落ち着いて5分以内に（33〜59ページ参照）

9 ケーキカット（鏡開き）

▼

10 乾杯のあいさつ

明るく1分以内に（60～64ページ参照）

▼

11 歓談・食事

▼

12 お色直し（歓談）

▼

13 新郎新婦再入場＆テーブルまわり

▼

14 友人・同僚・親族のスピーチ

お祝いをする気持ちを込めて（65～112ページ参照）

▼

15 花嫁の手紙

▼

16 両親・親族の謝辞

お礼の気持ちを込めて（113～144ページ参照）

▼

17 お開きの言葉（司会者）

▼

Finish 退場

結婚式の基本マナー

招待状の返信はすみやかに

結婚式や披露宴の招待状が届いたら、なるべく3日以内に出欠の返信をしましょう。

欠席の場合は、できるだけ早く電話で断りを入れてから、はがきを送るのがていねいな方法です。縁起がよくない理由で欠席する場合は、理由は不要です。出欠の返事を延ばしたい場合も2～3日以内に電話で、その旨を伝えましょう。

祝福メッセージの例

出席の場合：ご結婚おめでとうございます。○○さんのウエディングドレス姿を楽しみにしています。

欠席の場合：ご結婚おめでとうございます。やむをえない事情で欠席させていただきますが、おふたりの門出を心よりお祈りしております。

出席

御出席
御欠席

おめでとうございます。
喜んで出席させていただきます。
おふたりの幸せなニュース、
とても喜んでいます。

御住所　東京都足立区中央本町○-○-○
御芳名　番場和子

「出席」に○をして、「御」「御欠席」を二重線で消す。1文字は斜め、2文字以上は直線で

余白に祝福のメッセージを入れる

敬称を二重線で消す。夫婦で出席する場合は連名に

欠席

御出席
御欠席

ご結婚おめでとうございます。
本当に残念なのですが、
アメリカに出張する予定があり、
出席ができません。
ご招待くださり、
ありがとうございます。
末永くお幸せに。

御住所　東京都足立区中央本町○-○-○
御芳名　番場和子

「欠席」を○で囲み、「御」「御出席」を二重線で消す

余白に祝福とおわびのメッセージを入れる

祝儀袋は包む金額に合わせて

お祝い金のめやすは下記のとおりです。少額なのに祝儀袋が豪華では、バランスがよくありません。金額に見合った袋を選びましょう。真新しいお札を使うのも礼儀です。

お金は必ず中包みに入れ、包んでから祝儀袋に入れます。「幸せがたくさん入るように」との意から、上包みの裏側の折り返しは、下側を上側にかぶせるようにします。

お祝い金のめやす

主賓：新郎新婦との関係や年齢にもよるが、3万～10万円

友人：2万～3万円にするのが通例。夫婦で出席なら、合わせて5万～10万円とするのが一般的

欠席の場合：5千円～1万円、またはお祝いの品を贈るとよい

上包み

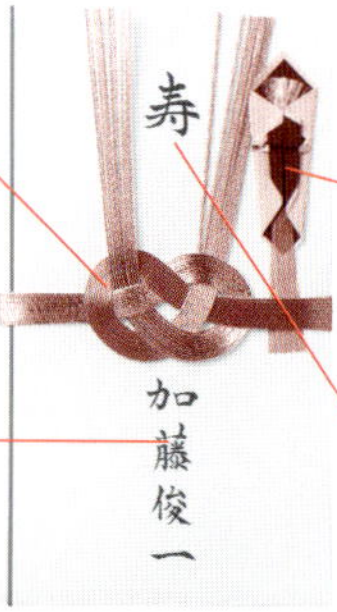

慶事のお祝いは必ず「のし」つきの祝儀袋で

表書きは「寿」「御婚礼御祝」などと記す

婚礼用の水引は、金銀または紅白の結び切り

水引の下に、毛筆（または濃い筆ペン）でフルネームを記す

中包み

中央に縦書きで金額を記入。「也」は書かない

左下に住所と氏名を記入

当日の服装は立場をわきまえる

主賓

男性 タキシード

昼はディレクターズスーツ、夜はタキシードが主流。白いシャツにシルバーグレーか白黒ストライプのネクタイ、夜なら黒の蝶ネクタイをつける。靴は黒かダークカラーを選ぶこと

女性 アフタヌーンドレス

昼はアフタヌーンドレス、夜はイブニングドレスが主流。ウエディングドレスをイメージさせる白はNG。花嫁より目立たない服装を心がける。和装の場合は、未婚なら振袖や訪問着、既婚なら黒以外の色留袖で

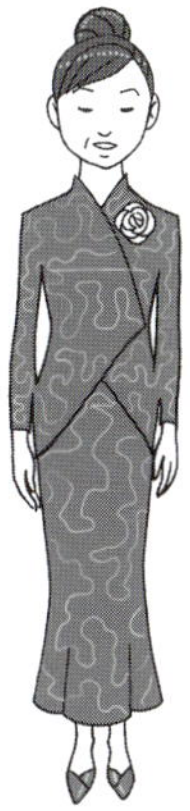

友人・同僚

男性 ディレクターズスーツ

昼はディレクターズスーツかブラックスーツ、夜はタキシードなども。カジュアルな披露宴であればビジネススーツを披露宴用に着こなすのも可。胸に白のポケットチーフを飾ると華やかさが出る

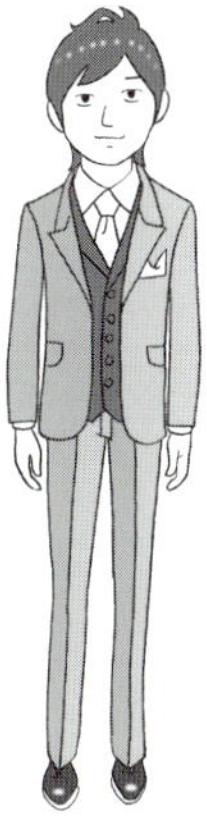

女性 ドレッシーなワンピース

昼はセミアフタヌーンドレス、夜はセミイブニングドレスが正式だが、ドレッシーなワンピースやスーツなどが一般的。スーツを披露宴用に着こなす場合は、ドレスシャツやブローチなどで華やかさを演出する。皮革など「殺生」を連想するバッグや靴は避けること

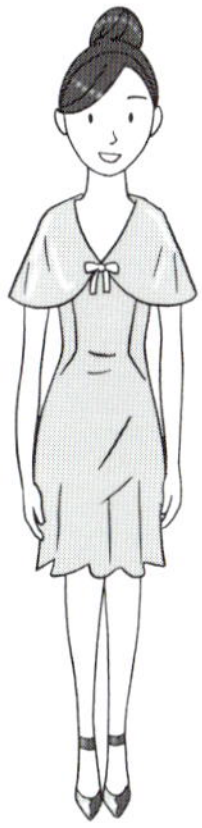

両親・親族

男性 モーニング

洋装なら昼はモーニング、夜はタキシードが主流。和装の場合は黒地五つ紋つき羽織袴。両家で相談して格を合わせること。格が合っていれば、洋装と和装でもよい

女性 黒留袖

洋装なら昼はアフタヌーンドレス、夜はイブニングドレスが主流。和装なら紋つきの黒留袖に丸帯。新郎新婦が略礼装の場合は、訪問着か紋つきの色無地にする。小物やアクセサリーは地味にして、新婦を立てる

スピーチを頼まれたら

喜んで引き受けて披露宴のタイプを確認

スピーチを頼まれるのは、新郎新婦から信頼されている証《あかし》です。おめでたいことなので、よほどの事情でもないかぎり、快く引き受けましょう。引き受けることになったら、次のポイントを新郎新婦に確認します。

①披露宴の規模
②参列者のおおよその顔ぶれ
③祝辞のタイミング
④言ってほしいことと、言ってほしくないこと
⑤結婚相手はどんな人か

当日は新郎新婦が主役です。希望は最大限に受け入れましょう。

自分の立場によってスピーチの内容を考える

自分の立場が主賓なのか、友人代表なのかによって、スピーチの内容はガラリと変わります。また、仕事の関係者なのか、プライベートなつきあいなのかも重要です。語るテーマが重ならないよう、ほかにどんな人が祝辞を述べるのか事前に確認し、対策を練っておきましょう。

年齢に見合った内容にすることも大切です。年配の人や自分より地位の高い人が大勢いる会場で、30代の若者が威厳や風格を出そうとすると、反感を買うおそれがあります。逆に50歳を過ぎているのに、話や立ち居ふるまいが軽々しいのも考えものです。年相応のスピーチとふるまいを心がけましょう。

両親や親族が謝辞をする場合は、参列者への感謝の気持ちを中心にあいさつします。どれだけ長く話すかより、気持ちがこもっていることのほうが大切です。

立場別　スピーチの役割とポイント

主賓

33ページ参照

役割

披露宴の冒頭に、参列者を代表してお祝いのあいさつをする

Point

- 主賓として招かれたことを自覚し、上品かつ堂々とした態度を保つ
- とくに相手方の両親や親族が聞いて安心するような話を
- 年長者らしい助言や教訓を盛り込む

友人・同僚・親族

65ページ参照

役割

披露宴の後半、親しいからこそ話せるエピソードで、新郎新婦の人柄を参列者に伝える

Point

- とっておきのエピソードを飾らない言葉で
- ほかの人と内容が重複しないよう顔ぶれを確認しておく
- ウケ狙いより、新郎新婦を引き立てることを第一に考える

両親

113ページ参照

役割

披露宴のしめくくりに、主催者を代表して、参列者にお礼のあいさつをおこなう

Point

- 参列者に謝辞を述べる
- 心を込め、自分の感情を率直な言葉で
- お礼の言葉が長々と続き、単調にならないように

話題を考える

主役のふたりを引き立てることが大切

主賓や友人のスピーチでもっとも大切なのは、主役の新郎新婦を引き立てることです。

新郎新婦にとって披露宴とは、一生の思い出となる一大イベント。おめでたい席を盛り上げるよう、精いっぱい自分の役目を務めましょう。

会社関係者なら仕事ぶりを褒め、友人なら人柄をたたえるなど、ふたりを最大限に引き立てます。もちろん、新郎新婦の幸せを願う言葉は必ず入れましょう。

両親・親族の謝辞では、参列者への日ごろの感謝の気持ちを伝え、今後の支援をお願いします。

自分にしか話せない話題を探す

主賓や友人代表だからといって、堅苦しいあいさつをお願いされているわけではありません。型どおりのあいさつでは気持ちがこもらず、聞く側もしらけてしまいます。

どうせスピーチをするのなら、ほかの参列者が知らない話を心がけましょう。自分だけが知っている新郎新婦の一面や、ふたりだけの心温まるエピソードなどを披露すると、新郎新婦や両親、参列者にも喜ばれます。ただし嫌悪感を与えるエピソードや、フォローのない暴露話は絶対に避けましょう。あくまで「新郎新婦を引き立てる」ことをふまえて話します。

会場が笑い声で満たされるおもしろいスピーチができれば盛り上がりますが、参列者が思わずホロリとくるような、感動的なスピーチも印象に残るでしょう。ただし最初から笑いや感動を狙いすぎるのは禁物です。

立場別 話題選びのヒント

主賓

● 仕事ぶりを褒める

主賓は上司が務めるケースが多いもの。結婚相手や両親が知らない、職場での一面を披露

● 人間性を褒める

まじめ、がんばり屋、行動力がある、人望があついなど主役の人柄を紹介する

● 人生のアドバイスをする

50歳以上で新郎新婦をよく知らない場合は、人生の先輩としてアドバイスを贈っても

友人・同僚・親族

● 人柄がわかるエピソード

困ったときに助けてくれた、失敗してもくじけなかった、などを具体的に

● ふたりだけの思い出話

ふたりで旅行したときの思い出、アルバイトをしていたときの笑える失敗談など

● 新郎新婦のなれそめ

共通の友人・同僚であれば、ふたりの出会いや結婚にいたるまでの過程を披露しても

両親

● 参列者への感謝

日ごろ新郎新婦がお世話になっていることや、出席に対するお礼を参列者に伝える

● 幼少時のエピソード

親としての心情や、新郎新婦の幼少時のエピソードは、参列者の胸を打つ

● 今後の支援のお願い

新しく家庭を持つ新郎新婦のために、今後も指導や鞭撻《べんたつ》を願う言葉で結ぶ

プロフィールを書き込む

新郎新婦の情報やエピソードを書き出す

話す内容を考えるとき、何から手をつけていいかわからない場合は、新郎新婦の情報を書き出してみましょう。

まずは生年月日や血液型など、確定している情報から埋めます。意外に、親しいわりに下の名前を覚えていなかったり、漢字を知らなかったりするものです。氏名やふりがなもメモしておきましょう。

ふたりをよく知らなくても、「新郎はO型、新婦はA型で相性抜群」「新郎新婦どちらも長男長女でしっかり者」など、基本情報だけで話の材料になることがあります。

新郎新婦の長所や人物像をあげる

基本情報が埋まったら、次は自分から見た新郎新婦の印象や、エピソードなどを思い浮かべて書き出しましょう。

長所になりうる要素はたくさんあります。明るい、社交的、まじめ、努力家、個性的、ムードメーカー、人情家、負けず嫌い、やさしい、面倒見がよい、慎重など、新郎新婦の長所を思いつくかぎりあげてみましょう。

新郎新婦の長所について考えていると、たいてい関連するエピソードが思い出されるもの。たとえば「やさしい」なら、「得意先からクレームがきて落ち込んでいた私を励ましてくれた」などです。人間性とエピソードが見えたら、それをつなげて原稿を作るだけでスピーチができあがります。

また、ふたりが出会ったころの印象や思い出を、新郎新婦別々に取材してもおもしろいでしょう。

書き込み式プロフィール表

項目	新郎	新婦
氏名（ふりがな）		
生年月日		
血液型		
出身地		
家族構成		
経歴		
現在の仕事内容		
趣味・特技		
好きな食べ物や スポーツなど		
長所		
長所に関連する エピソード		
ふたりの出会い		
相手の第一印象		
初めてのデート		
ふたりの思い出		
相手の 好きなところ		
どんな家庭に したいか		

原稿を作る

エピソードは一つに絞り話を練り上げる

新郎新婦にまつわるエピソードがたくさん浮かんだからといって、それを全部話す必要はありません。一つ一つのエピソードがどれほどよくても、聞いているほうは支離滅裂に聞こえてしまいがち。また、話す時間もおのずと長くなるでしょう。

エピソードは必ず一つに絞り、新郎新婦の人柄がわかるような話へと練り上げます。後日談をつけ足したり、いまの姿と比べたりと、さまざまな方向から検討して「褒める」話になっているかどうかをチェックしましょう。

導入と結びを先に決めて3分〜5分以内にまとめる

聞いている参列者がちょうどいいと思うスピーチの長さは、主賓なら5分以内、それ以外は3分以内です。「お祝い」と「結びの言葉」を除けば、2分弱くらいでしょうか。これなら、くどくどと長い話を考えることもありません。

原稿を作る際は内容からではなく、導入（自己紹介やお祝いの言葉）と結びの言葉（再度お祝いの言葉）からにすると気持ちが楽になります。オリジナリティーは内容であらわせばよいので、導入や結びは紋切り型のあいさつでもかまいません。

エピソードを語った後は、まとめが必要です。「このできごとからもわかるように、新郎は誠実な好青年です」「こんな失敗はありましたが、正直な新婦ゆえのことです」など、人柄につなげるようなまとめ方をしましょう。このまとめがうまくいけば、好印象のスピーチになります。

おもな原稿の流れ

1 自己紹介（司会者が紹介してくれる場合は省いても可）

「ただいまご紹介にあずかりました……」
「○○時代のクラスメイトの……」
「僭越《せんえつ》ながら○○社の同僚として……」

Point
自己紹介に時間をかけすぎないこと。また、会社の宣伝をしないよう注意を

2 お祝いの言葉（謝辞の場合は参列者へのお礼）

「○○君、△△さん、ご結婚おめでとう」
「本日は誠におめでとうございます」
「お忙しいなかご足労いただき、誠にありがとうございます」（謝辞）

Point
ふたりへの祝福をシンプルに述べる。堅苦しい言葉は必要ない

3 新郎新婦のエピソード

「○○君とのいちばんの思い出は……」
「○○さんといえば忘れられないのが……」
「何を隠そう○○さんは……」
「○○君をひと言で表現すると……」
「○○さんはクールに見えますが、実は……」
「今日は○○君の暴露話を……」
「皆さんご存じのように○○さんは……」
「私だけが知っているふたりのなれそめを……」

Point
話題の切り出し方は、参列者の期待感をあおるようなひと言がベスト

4 まとめ

「だから○○さんは……」
「とはいっても○○君には……」
「こんな○○さんですが……」

Point
それまでの話をふまえて、人柄について話したり、メッセージを贈ったりする

5 結びの言葉
（謝辞の場合は参列者のお礼、または支援を願う言葉）

「結びにもう一度……」
「これをもちまして……」
「若輩者のふたりですが……」（謝辞）

Point
シンプルでもしっかりとした結びの言葉が言えれば、スピーチがしまる。最後にはなむけの言葉を添える

敬語の正しい使い方

硬すぎる表現は避けて正しい話し言葉を

スピーチでは「あらたまった言葉づかいを」と考えがちですが、ふだん使わない堅苦しい言葉を並べると、聞き心地が悪くなります。また、スピーチは聞いてもらうものなので、「書き言葉」を多用したスピーチは参列者に違和感を与えます。

若者言葉や「死ぬ」「別れる」などの直接的な忌み言葉に気をつければ、日ごろ上司や先輩と接するときの「ですます調」で話してもOKです。

原稿ができたら、まず敬語表現がまちがっていないか以下の表で確かめましょう。

おもな敬語表現

	相手を高める（尊敬表現）	自分がへりくだる（謙譲表現）
行う	なさる、される	いたす、させていただく
居る	いらっしゃる、おいでになる	おる
行く	いらっしゃる、お出かけになる	まいる、うかがう
来る	お見えになる、お越しになる	まいる、参上する
見る	ご覧になる	拝見する
聞く	お聞きになる、聞かれる	うかがう、拝聴する
言う	おっしゃる、言われる	申し上げる、申す
思う	お思いになる、思われる	存じる、存じ上げる
知っている	ご存じ	存じる、存じ上げる
飲む、食べる	召し上がる	いただく
与える	くださる、賜る	差し上げる
本人	—	わたし、わたくし
新郎新婦	おふたり、ご両人	—
参列者	皆様	わたしども、わたくしども
両親	ご両親	両親、父母
父	お父様、お父上、ご尊父	父
母	お母様、お母上、ご母堂	母
夫	お連れ合い、ご主人、旦那様	夫
妻	お連れ合い、奥様、奥方	妻
子ども	お子様	子ども
息子	ご子息、お坊ちゃん	愚息、せがれ
娘	ご息女、お嬢様、ご令嬢	娘
家族	ご家族	家族、家の者
会社	御社、貴社	小社、弊社

若者言葉に注意！

NG ✕「～とか」	▶ ◯「～など」	「父とか母とか」ではなく、「父や母など」と言い換える
NG ✕「～っていうか」	▶ ◯「～といいますか」	友だちどうしで使うような軽いノリの言葉は避ける
NG ✕「すげえ」	▶ ◯「とても」「非常に」	年配者には下品な言葉と受けとめられることも
NG ✕「～的には」	▶ ◯「～としては」	「わたし的には」「会社的には」などの使い方はNG
NG ✕「全然大丈夫」	▶ ◯「全然問題ない」	「全然」の後は打ち消しか否定表現にするのが適切

忌み言葉に注意！

絶対ダメ！　不吉な言葉

死ぬ、別れる、切る、離れる、
壊れる、終わる、去る　など

気をつけるべき重ね言葉

再び、もう一度、重ね重ね、もともと、
ますます、たびたび、くれぐれも、
わざわざ、皆々様　など

＜忌み言葉の言い換え例＞

死ぬ ▶ 他界する
別れる ▶ 失礼する
切る ▶（ナイフを）入れる
離れる ▶ 距離を置く
壊れる ▶ 役目を全うする
終わる ▶ お開きになる
去る ▶ 失礼する、おいとまする
再び ▶ あらためて
もう一度 ▶ あらためて
重ね重ね ▶ 合わせて
もともと ▶ 元来
ますます ▶ いちだんと、いっそう
たびたび ▶ 幾度も
くれぐれも ▶ どうか
わざわざ ▶ とくに
皆々様 ▶ 大勢の皆様

Point

忌み言葉は、不吉な言葉以外ならそれほど神経質になる必要はありません。もし使ってしまっても、途中で言い換えたりすると、逆に強調してしまうことになるので、サラッと流しましょう。

原稿の最終チェック

必ず時間をおいて読み返し客観的に見直す

原稿ができたら、必ず読み返しましょう。スピーチの目的は「新郎新婦を祝福する」ことですが、無意識にそこから外れていることがあります。いつの間にか会社の自慢話が入っていたり、説教くさくなっていたり、不吉な話が入っていたりしませんか。

また、「○○さんもやっとお相手が見つかって」など、相手に失礼な表現が入っていないかも念入りにチェックします。

金言や慣用句を入れていたら、使い方がまちがっていないか、辞書などで確認しましょう。

チェックポイント

- [ ] 氏名や社名の読み方をまちがえていないか
- [ ] 長さは適切か
- [ ] 内容が新郎新婦のどちらにも配慮されているか
- [ ] 具体的なエピソードが入っているか
- [ ] 忌み言葉が入っていないか
- [ ] 新郎新婦の嫌がる話ではないか
- [ ] 慣用句や金言がまちがっていないか
- [ ] 説教や愚痴になっていないか
- [ ] 自分のPRや会社の宣伝になっていないか
- [ ] 内輪ウケの話になっていないか

こんな内容はタブー

異性関係の暴露
新郎新婦が互いに知らない過去の異性関係を、公の場で暴露するのは絶対にＮＧです。両親にも配慮を。

フォローのない失敗談
マイナス面ばかりを披露して終わるのでは、主役も聞くほうも不愉快なだけです。

下ネタ
品のない話題や、セクハラと思われかねない発言は避けましょう。

政治・宗教の話
特定の政党や宗教を、非難したり褒めたりすると、反感を買うこともあります。

犯罪に関すること
「酔って自転車を盗んだ」のも立派な犯罪。いたずらとの境界線を見極めるように。

価値観の古い言葉
「嫁をもらう」「良妻賢母」などは、若い世代の抵抗を受けることがあります。

慣用句は辞書で確認を

主賓のスピーチでは金言や慣用句などを使うことも多いでしょう。しかし、勘ちがいや誤解して使っている場合もあります。

会場で恥をかかないように、辞書で再確認しておきましょう。

まちがえやすい例

●「愛想がいい」ことの表現として

×「愛想をふりまく」

○「愛嬌をふりまく」

●「気のおけない」の意味として

×「気が許せない」

○「うちとけられる」

●「小春日和」の意味として

×「春の日」

○「晩秋から初冬の晴天」の日

練習する

声に出して練習し原稿を自分のものにする

原稿が完成しても、スピーチの準備はまだ半分。当日は、できるかぎり原稿を見ないで、気持ちを込めて話せるようにしたいものです。新郎新婦を心から祝福するために、原稿を自分のものにして、当日は会場を見渡しながら堂々とスピーチをしましょう。

といっても、ただ暗記すればいいというわけでもありません。スピーチで大切なのは、原稿よりも話し方や立ち居ふるまい。これらを身につけるため、練習では必ず声に出して、できれば当日と同じように姿勢を正しましょう。

「間」に気をつけながら声に抑揚をつける

練習のときには「間」と「抑揚」に気をつけましょう。

ここでいう「間」とは、一拍（手拍子一つ分）、またはひと呼吸（3秒ほどの深呼吸）の沈黙のことをいいます。たとえばお祝いの言葉のあとに、

「おめでとうございます。さて新郎の○○君は」と、せわしなく続けるより、

「おめでとうございます。（ひと呼吸）……さて、新郎の○○君は」

とゆっくり間を取って続けたほうが、心地がよく聞こえます。同様に、強調したい一文の前にも一拍ほどの「間」を入れると、さらに臨場感が出ます。

話の根幹にかかわる単語や固有名詞などは声をひときわ大きくして、はっきり発音しましょう。こうして抑揚をつけることでスピーチにリズムが生まれ、会場の人に伝わりやすくなります。

練習のやり方

1 立って話す

立って話すのと座って話すのとでは、声の出方がちがいます。本番と同じように、姿勢を正し、笑顔を意識して練習しましょう。

Step up

前を向いて身振りを入れる

原稿を覚えたら、会場を見渡すイメージで前を向き、身ぶり手ぶりをまじえて話します。体で覚えることが大切です。

2 録音して聞く

自分のスピーチを客観的に聞くと、「早口すぎるな」「ここは間をあけたほうがいいな」などと問題点が明らかになります。

Step up

ビデオに録って身振りを確認

緊張して髪をさわる、体をゆらすなどの癖が出ていないか、自然な身ぶりができているかなどをチェック。

3 人に聞いてもらう

大勢の前で話すのはだれでも緊張するもの。事前にだれかにスピーチを聞いてもらって、少しでも緩和しておきましょう。

Step up

マイクで話す

本番で、マイクを通した自分の声に驚いて緊張が高まることも。日ごろからマイクを通して自分の声に慣れておきましょう。

「間」の取り方

間

マイクの前に立つ

参列者の注目を集めるために、スピーチを始める前は深呼吸をして間をあけます。ざわざわしていた会場が静まることも

▶

お祝いの言葉を述べる

間

次の内容に移る前に、深呼吸一つ分間をあけ、体の向きを新郎新婦から会場のほうへ向けます

▶

内容を話す

間

最後にもう一度お祝いの言葉を述べるときは「おめでとう」の前に、深呼吸一つ分間をあけると気持ちがこもります

▶

再度お祝いの言葉を述べる

当日の立ち居ふるまい

緊張をほぐしてから マイクに向かう

練習でうまくスピーチができても、いざ会場で大勢の前に出ると、緊張して声が出なくなることがあります。

緊張をほぐすのにもっとも効果的なのが深呼吸です。心臓がドキドキしてきたら、息を大きく吸って吐きリラックスしましょう。

また、緊張につながる不安要素を取り除いておくのも大切です。スピーチをするときの流れを何度もシミュレーションし、事前に新郎新婦や両親、司会者などとコミュニケーションを取っておくのも有効です。

スピーチをするときの流れ

1 **立ち上がる**

司会者の紹介を合図に立ち上がり、その場で参列者に一礼する

2 **マイクに向かう**

会場のスタッフの案内でマイクの前に立つ。スタッフがマイクの高さを合わせてくれるので、落ち着いて笑顔で待つ

3 **一礼する**

まずは新郎新婦に「おめでとうございます」と述べ、軽く一礼する。話し始める前に新郎新婦や両親に着席をすすめてもよい

4 **スピーチ後、一礼する**

終わったら、参列者に深く頭を下げる。その後で新郎新婦や両親にも一礼する

5 **着席する**

着席するまでが出番と心得て緊張感を保ったまま、あわてずゆっくり席に戻る

緊張のほぐし方

どうしても！ というときは……

すべての方法を試しても緊張が取れないときは、最後の手段として少量のお酒を飲むのもよいでしょう。ただし、飲めないなら無理をしないこと

家の鏡でチェック

家を出る前に必ず全身を鏡でチェック。髪形や服装の乱れをととのえ、気を引きしめます。

▼

会場で皆にあいさつ

知り合いが一人でも多いほうが、緊張は緩和されます。新郎新婦や両親だけでなく、司会者にもあいさつをしておきましょう。独りでじっとしているより、会話をしているほうが緊張もほぐれます。

▼

直前に復唱

本番直前に原稿を見ながらスピーチを復唱することで、本番での言いまちがいを防げます。

▼

深呼吸する

名前を呼ばれたら、その場で深呼吸を。またはマイクの前で、目立たないよう静かに深呼吸をしましょう。

スピーチ中の心得

きちんとした服装で目線に気をつけて話す

スピーチがどれだけすばらしくても、姿勢が悪かったり、手をポケットにつっ込んでいたりしては、魅力が半減します。当日はマイクの前に立ったときの立ち居ふるまいにも気をつけましょう。

緊張すると、無意識に髪をさわったり、体をゆらしたりなど、自分では気づかない癖が出ることがあります。下のイラストとチェックポイントを頭に入れ、当日は美しい立ち居ふるまいが自然にできるよう練習しておきましょう。

同じように、おじぎや目線の動かし方、話し方にも気をつけます。

顔
うつむかず、まっすぐ参列者のほうを見る。原稿やメモを見る場合は、動きを最小限に

マイクの持ち方
先端があごにくるように調節し、マイクの頂点に声をぶつけるように話す

身ぶり
直立不動は不自然。スピーチに合わせて自然に出るようリラックスしておく

立ち方
頭のてっぺんからお尻にかけて1本の棒に貫かれいるイメージで、まっすぐ立つ

足
男性は肩幅より少しせまく開き、女性はそろえる。体重は左右均等にかけて立つ

おじぎの仕方

背すじを伸ばしたまま上体をゆっくり倒し、おじぎしたまま頭のなかで1、2秒数えて静止します。背中を丸めたり、会釈のように首だけ下に向けたりするのはNG。また、スタンドに頭をぶつけないよう注意しましょう。

30〜45°
おじぎの角度は
30〜45度
くらい

目線の動かし方

目線をゆっくり左右に動かしながら客席を見渡すのが理想です。むずかしい場合は客席の奥にいる両親に定めましょう。両親は必ずスピーチを熱心に聞いてくれるので、安心して話せます。

話し方

ゆっくりハキハキと

緊張すると早口になりがちなので、ゆっくり話すことを心がけます。明るく、さわやかに話せるよう、口をしっかり開けて、はっきりと発音すること。

ハキ
ハキ

心のこもった表情で

楽しいことを話すときは笑顔で、まじめなことを話すときは真剣な顔で話します。表情はわざと作ると不自然に見えますが、気持ちがこもっていれば、自然に出るものです。

こんなときどうする？

話そうと思ったことを先に話されてしまった

本来はこういうことがないよう、自分しか知らないエピソードを準備するか、原稿を２つ用意しておきます。

重複が避けられなかった場合は「ふたりの出会いについてお話しようと思っていましたが、先ほど○○さんがすばらしいスピーチで紹介されました。もうひと言、私からもつけ加えたいと思います」などと正直に言って、ポイントだけを話します。

突然指名された

予告なく参列者にインタビューしたり、スピーチリレーをしたりする披露宴もあります。恥ずかしがって断ったり、ぐずぐずしたりすると会場がしらけるので、堂々と受けましょう。時間稼ぎに「突然のことで驚いていますので、深呼吸をさせてください」と言って息をととのえます。

エピソードを言えれば上出来ですが、それが無理でも心から「本当におめでとうございます」と言うだけでも祝福の気持ちが伝わります。

会場がうるさくて聞いてくれない

会場が騒がしいからといって、それに負けない大きな声を出すと逆効果になります。わざとマイクの前で黙ってみましょう。「どうしたのかな？」と気になった参列者たちが静かになってこちらを見たら、ゆっくりスピーチを始めます。

メモは見てもいい？

メモを見ながら話すのはOKです。話している最中でも見やすいように工夫しましょう。メモを見るときにめがねが必要な場合は、忘れずに用意しておきましょう。

緊張して内容を忘れたとき、無理して思い出そうとすると、「えー」「その……」という言葉が続き、聞き苦しくなります。「緊張して忘れてしまいました。メモを見ることをお許しください」と正直に打ち明けましょう。

Chapter 1 主賓のスピーチ

主賓のスピーチとは

招待客の代表者として心を込めたスピーチを

　新郎新婦はたくさんの大切な参列者のなかから、特別にあなたを主賓に選んでいます。主賓として招かれたら、「招待客の代表」であることを自覚して臨みましょう。どんなに主賓の経験を積んでいたとしても、準備は大切です。新郎新婦の大切な門出を祝うために、最大限の努力をしましょう。

　披露宴でのスピーチは、新郎新婦への贈り物です。なかでも主賓のスピーチは、披露宴のスタートを飾る大切なもの。硬い言葉や定型化された文章より、心のこもった品格のあるスピーチをしましょう。もちろん服装や立ち居ふるまいに気を配ることも大切です。

社長、上司という立場だからこそ言えることを

　主賓になるのは、新郎新婦の職場の上司、社長、学生時代の恩師、父親の上司などが多いようです。

　もしあなたが上司なら、新郎新婦の両親や友人が知らない、職場での働きぶりを伝えるとよいでしょう。基本は「褒める」「たたえる」です。部下に対する説教や愚痴にならないよう気をつけましょう。

　社長の立場なら、新郎新婦についてよく知らないこともあります。そのときは自分の経験を生かして、人生や結婚に関するアドバイスを。金言名句を使うのは人生経験を重ねた50歳以上からがよいでしょう。

主賓のスピーチ 準備のポイント

- □ 主賓として礼儀をわきまえて
- □ 新郎新婦だけでなく両親・親族にも配慮を
- □ 紋切り型の、堅苦しい祝辞は避ける
- □ 新郎新婦についてよく知らない場合は
  まわりの人に取材するか、経験を生かした人生のアドバイスをする
- □ 会社の宣伝、うんちく、説教は厳禁

主賓のスピーチ　書き込み式フォーマット

※新郎・新婦の勤務先の上司の例

導入　自己紹介・祝福の言葉

（新郎の氏名）例 鈴木明　（新婦の名）例 由美子

　　　　君、　　　　さん、ご結婚おめでとうございます。

（自己紹介）例 高橋自動車工業株式会社の水島

ただいまご紹介にあずかりました　　　　と申します。

はなはだ僭越《せんえつ》ではございますが、ご指名に従ってひと言お祝いと
はなむけの言葉を述べさせていただきます。皆様、どうぞお座りください。

内容　新郎新婦の人物紹介・はなむけの言葉

（新郎または新婦の名）

　　　　君（さん）は、

（新郎・新婦の仕事ぶりなどを具体的なエピソードをまじえて紹介）
例 鈴木君は、私どもの会社の工場でエンジンの組み立てを担当しております。入社して半年たったとき…（中略）

（エピソードからわかる新郎・新婦の人柄）
例 私は鈴木君のコミュニケーション能力に感心し、彼なら今後、どんな困難があっても乗り越えてくれるだろうと確信しました。

（はなむけ・助言）
例 どうかこのコミュニケーション能力で、由美子さんと笑顔の絶えない明るい家庭を築いてください。

結び　はなむけの言葉

おふたりの未来が輝かしいものになりますように、またご両家の皆様のご発展を
お祈り申し上げまして、お祝いの言葉とさせていただきます。
本日はおめでとうございました。どうぞお幸せに。

新郎側

勤務先の上司

主賓のスピーチ 基本文例

格調高く

3分

一般的なスピーチは「導入」「内容」「結び」の3つのブロックによって構成されます。まずは基本文例を参考に主賓のスピーチの全体像を把握しましょう。38ページからは3～5分以内に話せるよう1.5分の文例を紹介しています。

導入

ただいまご紹介にあずかりました、**和田工業**株式会社の**常盤浩一郎**と申します。僭越《せんえつ》ながら、新郎側の来賓を代表しまして、**ひと言**お祝いを申し上げます。

高田洋二君、**ゆり子さん**、ご結婚おめでとうございます。[1]またご両家の皆様、本日は**誠に**おめでとうございます。**どうぞ**お座りください。

内容

私どもの会社はおもに業務用冷蔵庫の製造・販売をしておりますが、これは家庭用と**大きく**違い、扱うには多くの専門知識が必要です。

入社から**半年**ほどのころでしょうか、お得意様のお店へ彼一人でうかがったことがありました。しかし、わからない質問を受けてつい「僕は新入社員なので」と言ってしまったそうです。その言葉にお怒りになったお得意様から私のもとへ電話があり、私は彼をこっ

導入 自己紹介・祝福の言葉

簡単な自己紹介をしてから、内容に入る前には必ず新郎新婦を祝福する言葉を贈ります。招待のお礼を述べてもかまいません。「僭越《せんえつ》ながら」などの言葉を添えてもいいでしょう。

Point 1 両家に祝意を表す

親族にも祝意を表す場合は「ご両家ならびにご親族の皆様」と続けます。

太字▼強調

ぴどく叱ったことがあります。「わからないのが悪いのではない、言い訳をするのが悪い」というのが私の言い分でした。そのときの彼の顔は**よく**覚えています。「新人だからしょうがないじゃないか」という思いを**必死に**こらえている顔でした。「これは改心しそうにないな」となかばあきらめていたら、彼は翌日から製品部に通いつめ、**またたく間に**専門知識を身につけました。のちに例のお得意様から「高田君は成長したね」と**お褒めの**電話を頂戴《ちょうだい》したほどです。いまでは営業部の主任としてトップクラスの成績を収め、数多くのお得意様から絶大な信頼を寄せられております。

❷このように高田君は、悔しい思いをバネにして自分を成長させられる、**すばらしい**部下だと、誇りに思っています。

結び

今後は、❸**すばらしい伴侶を**見つけた高田君が、**これまで以上に**活躍してくれることを祈っています。おふたりとも、末永くお幸せに。

内容 新郎新婦の人物紹介

仕事関係者としてスピーチをする場合は、新郎（または新婦）の職場での有能な仕事ぶりなどを、具体的なエピソードをまじえて語るのが基本です。

Point 2 主役を褒める

優秀な実績、優しい人柄など、新郎（新婦）の長所を具体的に褒めたたえます。

結び はなむけの言葉

新郎新婦の幸福を祈る言葉で結びます。はっきりとていねいに話すことがポイントで、結びがしっかり決まれば、よいスピーチの印象を与えられます。

Point 3 相手を褒める

結婚相手についてもひと言ふれると、相手側の参列者も喜びます。

新郎側

勤務先の社長

主賓のスピーチ

新郎新婦をよく知らない

格調高く

1.5分

導入

　鹿島様、野崎様ご両家におかれましては、本日とどこおりなくご婚儀があいととのいましたこと、誠におめでとうございます。多くのお歴々がご臨席のなかで、不肖私がこのような大役を賜り、最初にごあいさつを申し上げることをお許しください。どうぞ皆様、ご遠慮なくお座りくださいますようお願いいたします。

内容

　本日めでたくこの日を迎えられました鹿島信弘君とめぐみさんに、結婚40年を迎えた私からひと言、アドバイスをさせていただきます。オスカー・ワイルドの言葉で「正しい結婚の基礎は相互の誤解にある」という有名な一節がありますが、これは真実だと思います。いくら相手をよく知っているつもりでも、実際に生活が始まると、多くの相違点や欠点が見えてきます。ただ大切なのは、そういう局面にぶつかったときに、いかにお互いを許し合えるかということです。夫婦というのは、訪れる困難をともに乗り越えるたびに、絆がより強くなると、経験上感じております。

結び

　この先の長い人生を、手に手を取って仲よく歩まれることを心から願って、私からのお祝いの言葉とさせていただきます。鹿島君、めぐみさん、どうぞお幸せに。

人生の先輩として結婚生活のアドバイスをする

　新郎新婦が直属の部下でないなど、主役のふたりのことをよく知らない場合でも、立場上スピーチを頼まれることがあります。その場合は金言名句を引用したり、自分の経験を生かした話をしたりするとよいでしょう。

Step up

金言名句の選び方

　マイナスイメージの金言名句は避けます。ほかの人と重複しないよう、いくつか候補を用意しましょう。

その他の例／『「寒い晩だな」「寒い晩です」妻の慰めとは、まさにかくの如きなり（斎藤緑雨）』、『愛する者と一緒に暮らすには一つの秘訣がいる。すなわち、相手を変えようとしないことだ（シャルドンヌ）』

新郎側

勤務先の社長

主賓のスピーチ

新郎が優秀な理由を語る

格調高く

1.5分

会社での業績から新郎の優秀さを披露する

すばらしい仕事ぶりを、具体例をあげて皆に伝えます。それに加え、新郎のまじめさや人柄などがわかるエピソードを添えましょう。

導入

本日はおふたりの結婚式が無事にとりおこなわれたとうかがい、たいへんうれしく思います。本当におめでとうございました。誠に僭越《せんえつ》ではございますが、ご一同様を代表し、ひと言お祝いの言葉を述べさせていただきます。どうぞ皆様ご着席ください。

内容

新郎である渡辺君は、これまでに社長賞を二度も受賞している弊社のホープです。彼の営業能力は私も高く評価しておりますが、最近、彼のすごいところはそれだけではないと実感するできごとがありました。

二度目の社長賞受賞を祝う席でのことです。渡辺君は受賞のあいさつのとき、プロジェクトにかかわったすべての社員の名前をあげて、ていねいにお礼を述べはじめたのです。結びに、「社長！　この賞は私のチーム全員にいただいたものと考えてよろしいですね？」と言われたときは、さすがに驚きましたが、強く胸を打たれました。渡辺君がほかの社員から慕われているという噂は聞いていたのですが、まわりの人を大切にする人柄に、私もすっかり魅了されてしまいました。渡辺君ならば、きっと思いやりにあふれた、あたたかい家庭を築くことでしょう。

結び

おふたりの幸せを心より願って、お祝いの言葉といたします。

Step up

情景が思い浮かぶように

そのときの情景が参列者の脳裏にも浮かぶように、会話などをまじえてわかりやすく説明しましょう。また、そのできごとによって自分がどう思ったかなどの印象も簡潔に述べます。

新郎側
勤務先の上司

主賓のスピーチ 新郎の仕事が忙しい

格調高く

1.5分

導入

高嶺英雄君、葵さん、本日は誠におめでとうございます。どうぞ皆様、席にお座りください。私は高嶺君と同じ三省商事に勤める吉田と申します。僭越《せんえつ》ながらひと言お祝いを申し上げます。

内容

高嶺君は我が営業部でもダントツの成績で、上司としては安心して見ていられる部下の一人です。ただ、あまりに仕事に一途で心配になることもあります。夜は毎日のように残業と接待、休みの日にもときどき出社をして仕事をしているという、ひと言で言えば「仕事人間」なのです。

そんな忙しい彼がいつ、こんなすてきな新婦と出会ったのか謎ですが……。とにもかくにも、家庭を持つ先輩としてひと言忠告しておきます。どれだけ仕事で疲れていても、それを家庭に持ち込まないこと。「夫の疲れた顔を見るのは、それだけでストレス」とは私の妻の言葉です。これからも変わらず仕事を充実させて、すてきな奥様との時間も大切にしてください。

結び

今日から奥様になる葵さんは、とても理解のある方とうかがっています。それに甘えず、これからはお互いを思いやる気持ちを大切に、幸せな家庭を築いてください。どうぞ末永くお幸せに。

仕事ぶりを褒めつつも結婚生活を大切にとアドバイス

仕事を大切にする新郎を頼もしく思いながらも、心配している上司の心情を話します。自分の失敗談をまじえつつ「家庭を大切に」とアドバイスしましょう。

Step up

ユーモアで味つけを

硬いスピーチでも、クスリと笑えるひと言を入れると場がなごみます。この言葉は、新郎のほうに顔を向け、少し首をかしげながら語ると効果的です。

新郎側

勤務先の元上司

主賓のスピーチ

新婦と初めて会った印象を話す

格調高く

1.5分

導入

ご紹介にあずかりました、浦野フーズ株式会社業務部部長の横山と申します。このたびは松田君の元上司として、ひと言ごあいさつを申し上げます。松田君、菜摘さん、ご結婚おめでとうございます。ご両家の皆様にも、心よりお祝いを申し上げます。

内容

松田君は、昨年ご実家である松田製麺所をおつぎになりましたが、それまでの7年間は、小社の業務部にて活躍しておりました。たいへん仕事熱心で、上司に信頼され、部下に慕われる、優秀な社員でした。私は彼の直属の上司でしたが、松田君には退社後も何かと頼りにしてもらい、関係が続いておりました。

今年の始め、松田君から「会ってもらいたい人がいる」と言われて初めて菜摘さんにお目にかかりました。ほんの2時間ほどの食事のあいだに菜摘さんの気配りのよさや、お人柄がよくわかり、「どこでこんないい人を見つけたのか」と感心いたしました。

結び

若いけれども優秀な松田君に、これまた若いのに気配り上手な菜摘さんはぴったりです。おふたりでご実家をもりたて、かつすばらしいご家庭を築かれることを、心よりお祈りしております。

新郎の仕事ぶりのほかに新婦の人柄のよさを褒める

新郎側の主賓でも、新婦と会ったことがあれば、その印象を話すといいでしょう。新郎の有能な仕事ぶりのほかに、新婦の気配りのよさや、やさしさなど、人柄のよさを語り、若いふたりにエールを送りましょう。

Step up

言い方に気をつける

「何かと相談を受けて」「頼りにされて」と言うよりも、ここは「頼りにしてもらって」と、主役の新郎を立てる言い方をしましょう。

新郎側

勤務先の上司

主賓のスピーチ

新郎の仕事ぶりを褒める

格調高く

1.5分

導入

結城翼君、佳奈子さん、このたびはご結婚おめでとうございます。

新郎の上長ということで、高い席にお招きいただきました。僭越《せんえつ》ですがひと言、お祝いのごあいさつを申し上げます。

内容

皆様ご存じでしょうが、結城君はたいへんクールな青年です。彼が私の部署に新入社員としてやってきたとき、なぜ営業部を志望したのか、そしてどうやって人事部の面接に合格したのか、正直言って不思議でなりませんでした。ところが、不安ながらも初めて担当を持たせて、私がそれに同行したときのことです。彼はまるで別人のように、先方と熱く話し合い、見事に契約を取りつけたのです。私はキツネにつままれた気分でした。「意外だったよ。すごいじゃないか」と言う私に、またクールな青年に戻った結城君は「いえ、部長のおかげです」と言葉少なに言うだけ。しかし彼はその後も順調に担当を増やし、活躍してくれています。

結び

結城君、君のここぞというときの力には本当に信頼を置いているよ。ただし、家庭ではあまりクールになりすぎないように。私の経験から「ありがとう」の言葉は、とくに大切にすることをおすすめします。

おふたりとも、本当におめでとうございます。

新郎の意外な仕事ぶりを披露

ふだんはおとなしい新郎が、大切な商談では熱く仕事をこなすという二面性を、上司の立場から披露します。クール＝マイナスイメージと取られないよう、フォローをしながら話しましょう。

Step up

家庭でのアドバイスを

いざとなると頼りになることはわかっている、と前置きしたうえで、「家庭では言葉を大切に」と上司らしいアドバイスをします。

新郎側

勤務先の上司

主賓のスピーチ

夫婦円満を望む

明るく

1.5分

導入

浦野尚人君、麻央さん、本日はご結婚、誠におめでとうございます。ご両家の皆様にも、心よりお祝いを申し上げます。

内容

私と浦野君には、仕事よりも強い絆があります。それは、ふたりの共通の趣味である「落語」です。仲のよい上司と部下はたいてい退勤後に飲みに行くのでしょうが、私たちの場合は寄席に駆けつけるのがつねです。学生時代「落研《おちけん》」に所属していた浦野君は、仕事の後は私の落語の先輩に早変わりするのです。落語のなかで私がたいへん好きなのが、長屋に出てくる夫婦のやりとりです。たいていは夫があわて者で、そんな夫に説教をしながらも助けてあげる賢い妻が出てきます。ふたりのやりとりは一種けんかのように見えますが、その根底には深い愛情があり、人情や夫婦の絆を感じさせてくれます。

決して浦野君があわて者というわけではありませんが、まあ、少し、おっちょこちょいな面もあります。そこを聡明な麻央さんが、上手にフォローをしてくれるのではないかと。いや、私の勝手な推測で申し訳ありません。

結び

おふたりには、そんな仲のよい夫婦生活を末長く送っていただけたらと、心から願っております。本当におめでとうございます。

新郎との共通の趣味を軸に夫婦円満を願う

上司だからといって、仕事の話をしなければいけないわけではありません。共通の趣味がある場合は、それを軸にスピーチをしてもよいでしょう。うまく夫婦円満を願う話に持っていければ合格です。

Step up

もったいぶって話をする

冒頭からこういう言い方をすると、「何だろう?」と参列者の興味をひきつけます。このセリフの後は間をおいて、ゆっくりと次の言葉を続けましょう。

新郎側

大学の恩師

主賓のスピーチ

新郎の人柄と努力を語る

明るく

1.5分

導入

新藤理一郎君、可南子さん、本日は誠におめでとうございます。私は新藤君が通っていた大学でドイツ語を教えておりました村上有三と申します。お歴々がいらっしゃるなか、大役を仰せつかり恐縮ですが、ひと言お祝いの言葉を申し上げます。

内容

あまたの学生のなかでも、新藤君との出会いは衝撃的でした。最初のドイツ語の授業での、進藤君の自己紹介はこうです。「第一希望だったスペイン語、第二希望のフランス語、第三希望の中国語も抽選に落ちて、仕方なくドイツ語のクラスに来ました」。何もそこまで正直に言わなくても、と苦笑しましたよ。でも、私もドイツ語を好きになってもらいたかったので、一所懸命に教え方を工夫いたしました。彼はそれにこたえるように日夜努力し、またたく間にドイツ語を習得しました。最終授業の日、「このクラスに入っていなければ、一生ドイツ語のよさに気づきませんでした。ありがとうございました」と言われ、思わず涙ぐんでしまいました。そんな新藤君が、このたび新婚旅行でドイツに行かれると聞いて、喜びもひとしおです。新藤君、可南子さん、存分に楽しんできてください。

結び

本日はおめでとうございます。末永く、お幸せに。

学生時代の新郎とのエピソードを語る

ドイツ語にまったく興味がなかった新郎が、ドイツ好きになったというような、担当教師ならではのエピソードを入れましょう。新郎の人柄や努力する姿などを伝えます。

Step up

「恩師です」「教授です」はNG

学校の恩師などが、自分から「大学時代の恩師です」「大学の教授をしています」と自己紹介すると、やや尊大に聞こえます。「大学で指導しております」と言い換えましょう。

新郎側
高校の恩師

主賓のスピーチ

新郎とのなつかしい思い出を語る

明るく

1.5分

高校時代のやんちゃな新郎について語る

披露宴にもよりますが、雰囲気が比較的フレンドリーなら、高校時代の新郎のやんちゃな面を話してもよいでしょう。ただし、マイナスな印象を与えないよう注意します。

導入

平山寛治君、悦子さん、ご結婚おめでとうございます。ご両親の前ではありますが、本日は新郎を、昔からの親しみを込めて「寛治」と呼ばせていただくことをお許しください。

内容

寛治、立派になったなあ。あのやんちゃな寛治とは思えないよ。

いやね、皆さん、もう7年も過ぎていますから、時効と思って聞いてください。こいつは高校時代、僕たち教師を悩ませましてね。とは言ってもかわいいもんです。遅刻が多い、成績が悪い、教師にちょっと反抗する、その程度で。いまの高校生たちを見ていると、みんなまじめでおとなしいけど、裏で何をしているかわからない。そのほうが怖いですよ。それに比べれば、寛治はわかりやすかった。教師へは反抗するけれど、学校行事では張り切ってリーダーを務めるし、仲間を大切にするから生徒たちからも人気があった。自分がまちがっていると思ったら素直に謝るところもかわいらしかったよ。大工として若くして独立して成功したのは、そんな寛治の人柄を、たくさんのお客さんが信頼してくれているからじゃないかな。

結び

そんな頼もしい寛治がすてきな悦子さんと所帯を持って、本当に感激しています。寛治、おめでとう。家族を大切にしろよ。

Step up

状況に応じて言葉を選ぶ

本来なら、両親もいる正式な場で新郎を「こいつ」呼ばわりするのはNGです。ただし、新郎との親密さが参列者に伝わるようなら、状況に応じて使ってもよいでしょう。

新婦側
勤務先の社長

主賓のスピーチ
妻としての心得を説く

格調高く

1.5分

導入

ただいまご紹介にあずかりました、湯川エンタプライズの湯川弘子でございます。新婦側の来賓を代表いたしまして、ひと言お祝いを申し上げます。新郎新婦ならびにご両家の皆様、本日は誠におめでとうございます。どうぞ皆様、ご着席ください。

内容

本日は、仕事上のつきあいはさておいて、一つ、妻としての心得を新婦にアドバイスさせていただきたく思います。ありきたりな言葉ですが、「財布のひもをしめる」、これを肝に銘じていただければと思います。

独身時代は「あれも欲しい、これも欲しい」と、その場かぎりの感情で必要のないものまで買い込んでしまいがちです。しかし家庭を持つと、独身時代とちがって、「欲しいもの」ではなく「必要なもの」が増えていくのです。「あれもこれも」ではなく、「いま自分にとっていちばん必要なものは何か」をつねに考える癖をつけていただきたいと思います。これは節約に役立つだけではありません。何か問題に直面したとき、優先順位を見極め、冷静に対処する練習になると思います。

結び

郁子さんは、たいへん優秀な社員です。これからは優秀な妻として、家庭を支えていただきたいと思います。おめでとうございます。

同じ女性の立場から新婦を応援する

社員である新婦と直接かかわり合いのない場合は、無理に新婦の仕事ぶりについて話すのではなく、同じ女性の立場からアドバイスなどをしてスピーチしましょう。

Step up

社長でも、あくまで謙虚に

「妻としての心得」などを語る場合は、命令口調ではなく、できるだけ謙虚な言い方を心がけましょう。社長・上司という立場を参列者に強く感じさせないようにすると、気持ちが伝わりやすくなります。

新婦側

勤務先の上司

主賓のスピーチ

新婦の人柄を褒める

明るく

1.5分

導入

浅岡幸夫さん、みずきさん、本日はご結婚おめでとうございます。どうぞ皆様、席にお座りください。

内容

みずきさんはたいへん優秀な社員であるばかりでなく、とてもやさしい女性です。実は私にもみずきさんと同じ年の娘がおりまして、昨年の夏に結婚いたしました。親というのは勝手なもので、娘の婚期が遅れると心配したりせっついたりするくせに、いざ結婚となると突然もの悲しくなるものです。娘の結婚式が近づくにつれて憂うつになっていたある日、みずきさんが「日ごろのお礼に私たちがおごります！」と飲みに誘ってくれて、その日は社員数名とともに楽しい時間を過ごしました。あとで別の社員に聞いたところ、「最近部長が元気ないから、元気づけよう！」と、みずきさんが皆を誘っていたのだそうです。いまどき、上司の様子を気にかけて、そのうえ元気づけてくれるような社員がいるでしょうか？　こんなにもやさしい女性に育て上げられたご両親も、本当にご立派だと思います。

結び

本日は、もう一人の娘を嫁にやるような、複雑な心境です。こんなにやさしいみずきさんですから、きっとよい妻になり、よい母になるでしょう。おふたりの幸せを心から願って、お祝いの言葉とさせていただきます。

新婦のやさしい人柄がわかる職場でのエピソード

直属の上司なら、新婦の仕事ぶりだけでなく、人柄もわかるような話を。上司の自分を気づかってくれたときのエピソードなどを話せば、新婦のやさしさを伝えられるでしょう。

Step up

両親の席を見て話す

ここでは新婦の両親を見ながら最後に頭を下げ、敬意を表しましょう。

体験談

女性どうしなら友人のように話しても

私は、新婦が結婚退社で職場からいなくなると、仕事に困るだけでなく「寂しくて困る」と話しました。正直に話せたので、気持ちも伝わったみたいです。

（50歳女性　会社員）

新婦側

勤務先の上司

主賓のスピーチ

新婦が結婚後も仕事を続ける

明るく

1.5分

仕事のできる新婦に結婚後も待っていると伝える

結婚しても職場に残る新婦について話す場合は、めざましい仕事ぶりや明るい魅力、社員や取引先からどれだけ必要とされているかなどを話します。

導入

絵美さん、瑛介さん、ご結婚おめでとうございます。ただいまご紹介にあずかりました、内村と申します。新婦の上長ということで、僭越《せんえつ》ながらひと言ご祝辞を申し上げます。

どうぞ、新郎新婦ならびに皆様、お座りください。

内容

絵美さんからご結婚の報告を受けたとき、まっ先にたずねたのが「仕事を続けるかどうか」ということです。幸いにも仕事を続けられると聞いて社員一同、胸をなでおろしたしだいです。

絵美さんは当初、アルバイトとして弊社で働いておりました。その仕事ぶりがすばらしいため、「ぜひともうちに就職してほしい」と、彼女が大学3年のときから、私がラブコールを送り続けたのです。社長も面接時に初めて絵美さんの存在を知ったのですが、明るくはきはきと話す彼女をすぐに気に入り、即採用となりました。絵美さんを必要としているのは私たち社員だけではありません。取引先のお客様も皆、明るくて気配りのできる絵美さんのことが大好きです。

結び

こんな絵美さんですから、きっと明るいご家庭を築くことでしょう。本日は本当におめでとうございます。

Step up

新郎新婦、両親に着席を促す

司会者から起立の指示がない場合でも、主賓のスピーチとなれば新郎新婦、両家の両親は立ち上がります。それぞれのほうを見ながら、手で着席を促しましょう。

新婦側

勤務先の上司

主賓のスピーチ

新婦の明るい人柄を褒める

明るく

1.5分

笑顔がすてきな新婦についてエピソードで紹介

新婦が明るい人柄ならば、ぜひそのことを参列者に紹介しましょう。そこにいるだけで人を幸せな気持ちにさせる魅力などを、具体的なエピソードをまじえて語ります。

導入

典子さん、正敏さん、本日はご結婚おめでとうございます。新婦側を代表しまして、僭越《せんえつ》ながらひと言ごあいさつを申し上げます。

内容

典子さんを昔からご存じの方も、本日初めてお目にかかる方も、彼女を見るだけで、自然と笑顔になっているのではないでしょうか。本当に典子さんには、人を幸せにするオーラがあります。会社でもいつもにこやかにしていて、そこにいるだけで皆をやさしい気持ちにしてくれるのです。

私事ですが、営業先で嫌なことがあり、むしゃくしゃしながら会社に帰ってきたことがありました。そのとき、皆が「さわらぬ神に……」と私を避けているなかで唯一、典子さんだけが「お疲れさまでした！」とにこやかにお茶をいれてくれたのです。私は自分がひどく恥ずかしくなると同時に、その笑顔に心底癒されました。笑顔だけで人を幸せにできるなんて、なんてすばらしい魅力なんでしょう。

結び

こんなすてきな人が家にもいてくれたら……と何度思ったことか。だから正敏さんがうらやましい！　どうか、この笑顔が絶えることのないよう、末永く典子さんを幸せにしてあげてくださいね。

本当に、おめでとうございます。

Step up

問いかけから入る

いきなり新婦の魅力やエピソードの話をするのではなく、その前に会場に向かって問いかけてみるのもよいでしょう。新婦と会場を交互に見ながら話します。

新婦側

中学の恩師

主賓のスピーチ

新婦の部活動での活躍を語る

明るく

1.5分

導入

朝倉宗平さん、恭子さん、ご結婚おめでとうございます。新婦・恭子さんの来賓を代表させていただきまして、ひと言ご祝辞を申し上げます。

内容

中学時代の恭子さんは、それは活発な女の子でした。私は当時、彼女が所属していたテニス部の顧問でしたが、当時のテニス部は運動部一、厳しいことで有名でした。毎日朝の7時から練習、放課後も夏は夜8時、冬は夜7時まで特訓です。土日も必ず試合か練習があり、とても遊ぶ余裕などありません。しかも手加減しない顧問はいつも怒鳴り声。そんな私は陰で「鬼教官」と呼ばれていたようです。ハハハ、ちゃんと知っていたんだよ。

そんななか、恭子さんは持ち前の明るさで皆をまとめあげ、2年になってからは部長として部員を先導してくれました。私は恭子さんを信頼していましたから、彼女が皆を代表して練習時間を減らしてほしいと訴えたときには、迷いながらも承諾しました。まわりの教師たちは「あの大場先生が生徒の意見に折れた」とちょっとした騒ぎだったそうです。

結び

本日、恭子さんの姿を見るのは実に3年ぶりです。真っ黒に日焼けして走り回っていた中学生の面影はなく、本当に美しいお嬢さんになりました。これからは、新しい人生を持ち前の明るさで彩ってください。お幸せに。

学生時代に部活動をしていた新婦の様子をふり返る

厳しい活動にもめげず、部員をまとめる部長を務めあげた様子など、部活動の顧問として知っている、新婦の活発で明るい姿を語ります。美しく成長した新婦を褒めたたえる言葉で結ぶといいでしょう。

Step up

突然、新婦に笑いかける

恩師のスピーチをまじめに聞いていた新婦は「鬼教官」と呼んでいたことを恩師が知っていたと聞いて、驚くでしょう。その瞬間をとらえて、新婦に向かって、笑いながらくだけた調子で語りかけてみましょう。

新婦側
幼稚園の恩師

主賓のスピーチ

新婦からの手紙を読む

しみじみ

1.5分

導入

住吉純一さん、智子さん、このたびはご結婚おめでとうございます。こんな年寄りが晴れ舞台で大役を仰せつかるとは、夢にも思いませんでした。僭越《せんえつ》ながら、お祝いを述べさせていただきます。

内容

私は25年前、智子さんが通っていた幼稚園で園長をしておりました。今日は智子さんが卒園するときにくれた手紙を持参しております。智子さん、ちょっと恥ずかしいだろうけれど、披露させていただくわね。

「だいすきなえんちょうせんせいへ。わたしはおおきくなったら、ようちえんのせんせいになります。ちいさいこにやさしくして、いっぱいあそんであげます。わたしがせんせいになったら、あそびにきてね。ともこより」

智子さんは幼稚園の先生にこそなりませんでしたが、いまはおもちゃの会社で働いているとのこと。この手紙にある「ちいさいこにやさしくして、いっぱいあそんであげます」との言葉どおりではないでしょうか。私と同じく、子どもをいちばんに思う仕事についてくれたことを、たいへんうれしく思います。

結び

新しい家族を持つ智子さん、いつまでもやさしい気持ちを忘れずに、だんな様とすばらしい家庭を築いてくださいね。お幸せに。

新婦が幼稚園児のときに書いた手紙を披露する

新婦からの手紙や、昔書いた作文などを持参して引用すれば、恩師ならではのスピーチになります。プライベートなものなので、公表してよいかどうか、新婦に事前に確認をしておきましょう。

Step up

手紙は暗記せずに読む

短くても暗記する必要はありません。手紙を見ながらゆっくりと読みあげましょう。手紙は会場の人に自分の顔が見えるように、やや下のほうで両手で持ちます。

新婦側

習いごとの恩師

主賓のスピーチ

新婦が習いごと教室に通っている

明るく

1.5分

教室に通う新婦の陰の努力について語る

習いごとでは、新婦の教室での様子や成果を披露します。文例のように新婦の陰の努力や、習得した技術について話すとよいでしょう。

導入

中川裕也さん、美佐子さん、ご結婚おめでとうございます。私は美佐子さんが通うイタリア料理教室で教えております松浦と申します。本日は僭《せん》越《えつ》ながらひと言お祝いを申し上げます。

おふたかたとも、どうぞお座りください。

内容

美佐子さんが教室に入会されたのは1年前になります。そのきっかけは、新郎のイタリアン好きにあるとか。新郎はアパレル会社にお勤めで、お仕事で何度もイタリアに出張なさっており、イタリア料理についてはちょっとうるさいそうです。どちらかというと和食派の美佐子さんは、結婚が決まってすぐに、新郎に内緒でイタリア料理の勉強を始められました。そして今年の3月、新郎の誕生日に手作りのピザとパスタでサプライズパーティーをしたそうです。翌日、教室に来られた美佐子さんは得意満面で、「彼のあんな顔見たことありません！　先生本当にありがとうございます」と大はしゃぎ。私も手助けができたようで、とてもうれしく思いました。

結び

そんなイタリアン好きのおふたりに提案です。ピザやパスタは作る過程も楽しいもの。ぜひとも美佐子さんから裕也さんに手ほどきをして、ふたり仲よく料理をする時間を作ってみてくださいね。お幸せに。

Step up

身ぶり手ぶりで再現

興奮していた新婦の様子を伝えるために、体を使って演技をすると場が盛り上がります。声のトーンを上げたりして、当時の新婦を再現してみましょう。

新婦側

父の友人

主賓のスピーチ

友人の娘の挙式を迎えて

しみじみ

1.5分

母子家庭で育った新婦の父親代わりとして話す

事情により、新婦の親代わりを務めたり、面倒をみていたりした場合は、主賓としてスピーチをすることがあります。子どものために、忙しく働く親の代わりに新婦を見守ってきた知人として、感慨深い気持ちをスピーチに託しましょう。

導入

ただいまご紹介にあずかりました、加藤治郎と申します。新婦のお父様の友人として、ひと言お祝いを申し上げたいと存じます。

内容

新婦のお父様とは大学時代からの親友で、お互いに結婚してからも、家族ぐるみのおつきあいをさせていただいておりました。しかし沙織さんは、12歳のときに交通事故で、お父様を亡くしました。以来、沙織さんのお母様は女手一つで沙織さんと妹さんを育てるために、それこそ身を粉《こ》にして働いていたものです。その間、私たち夫婦が、沙織さん姉妹の面倒をみるようなことが何度もございました。その境遇を痛ましく思いましたが、私たち夫婦はただ甘やかしたりはせず、ときには厳しく接することもありました。それは、私の親友でもある沙織さんのお父様なら「お前が沙織の父親代わりになってくれ」と、必ずや私に頼むであろうと思ったからです。沙織さんから結婚の報告を受けて、「私、治郎おじさんを父親のように思っていました」と話してくれたときは、不覚にも涙がこぼれました。

結び

美しく成長した沙織さんが、将之さんという聡明でやさしい男性に見そめられ、私たち夫婦も我が娘が嫁ぐような晴れやかな気持ちでおります。本日は、本当におめでとうございました。

Step up

親の気持ちを代弁

新郎新婦の両親が健在の場合でも、親の友人として、気持ちを代弁してみましょう。気楽な雰囲気ならば、「昔からあいつはうれしいときにかぎって、無口になるんだよ」などと、親の友人ならではの、くだけた言い方をしても。

新郎新婦共通
勤務先の社長

主賓のスピーチ
夫婦円満の秘訣を話す

格調高く

1.5分

導入

このたびは、麻生裕彦君、奈緒子さん、ご両名の婚儀がつつがなくおこなわれましたこと、謹んでご両家の皆様にお祝いを申し上げます。

昨夜から降り続いていた雨もやみ、本日は快晴。本当にふたりの門出にふさわしい日となりました。

私は新郎新婦が勤める三笠工業の三笠行雄と申します。このたびは僭越《せんえつ》ながら、祝辞のトップバッターを務めさせていただきます。

内容

典型的な仕事人間の私ですが、ひと言だけ、おふたりに結婚生活のアドバイスをさせていただければと思います。それは感謝の気持ちを言葉で伝えること。私たちの若いころは、気恥ずかしくて「ありがとう」のひと言を女房にかけるなんて考えもしませんでしたが、いまの若い人なら、かえって素直に言えるのではないでしょうか。かくいう私も20年ほど前から、これを実践しております。不思議なもので、夫婦のあいだに暗雲が立ち込めても「ありがとう」「お疲れさま」のひと言をかけ合うだけで、気持ちがやわらぎ、いつの間にかふだんの会話に戻っているのです。

結び

仕事も家事も等しくたいへんな作業です。お互いを思いやり、ねぎらいの言葉をかけ合って、ふたりですてきな家庭を築いてください。お幸せに。

新郎新婦共通の上司である社長からのアドバイス

新郎新婦が勤める会社の社長だけれど、ふたりの仕事ぶりをくわしく知っているわけではないときは、自分の体験をもとに夫婦生活のアドバイスをするとよいでしょう。両家に招かれた主賓として、最後まで品格を保つよう心がけます。

Step up

やや格式ばった導入で

大規模な披露宴で主賓のスピーチをする場合は、やや格式ばった言葉を使いましょう。式に出ていない場合は「婚儀がつつがなくおこなわれたと司会の方よりうかがい、喜びにたえません」などと続けます。

新郎新婦共通

勤務先の社長

主賓のスピーチ

新郎新婦の仕事ぶりを説く

明るく

1.5分

新郎新婦が力を合わせた仕事の成果を見せる

新郎新婦が協力した仕事があれば、具体的な成果を持参して披露すると、説得力が増します。ポスターにかぎらず、ふたりが担当した製品のほか、職場の様子が伝えられる物や写真があれば、紹介してもよいでしょう。

Step up

掲げて見せる

新郎新婦が担当した製品などがあれば、掲げて見せることで、多くの参列者の注目を集められます。後方の人にも見えるよう、なるべく高く掲げましょう。

導入

斎藤直樹君、さやかさん、このたびはご結婚おめでとうございます。先輩やご年配の方がたくさんいらっしゃるなか、皆様に先立ちましてお祝いの言葉を述べさせていただくことをお許しください。

内容

私は都内でデザイン会社を経営しており、斎藤君には営業を、さやかさんにはデザインを一任しております。本日はここに、ふたりの仕事の一端がわかるポスターを持参いたしました。この仕事を取るために、斎藤君は2か月間、資料を集めたり、先方の担当者を定期的に訪ねたりと、地道な努力を続けてきました。そしてめでたく依頼を受けた後は、先方の気に入るポスターを作るべく、さやかさんが奮闘いたしました。営業である斎藤君とデザイナーであるさやかさんはときに激しく議論を戦わせましたが、同じ目標のために一致団結し、徹夜もいとわず作業をしてポスターを完成させたのです。結果、先方から「すばらしい出来だ」との賛辞をいただきました。まさにふたりの共同作業の賜物です。

結び

さやかさんは結婚を機にフリーのデザイナーとなりますが、今後もお仕事をお願いするつもりです。完璧なチームワークを組めるおふたりのこと、夫婦生活もきっと楽しいものになるでしょう。末永くお幸せに。

新郎新婦共通

勤務先の上司

主賓のスピーチ

名言を引用する

明るく

1.5分

導入

三田信之君、文絵さん、本日はおめでとうございます。ご両家ならびにご親族の皆様にも、心よりお喜びを申し上げます。

三田君と文絵さんは、同じ部署で約5年の歳月をともに過ごし、そのあいだに着実に愛を深めてきたようです。ふたりは本当に仲がいいのですが、一つだけ、上司である私が心配なことがあります。

内容

実は三田君、外見に似合わず料理が大好きで、昨年末の拙宅での忘年会で、なんとカレーを作ってくれたのです。喜んだ同僚一同、我先にとカレーに手をつけましたが、それが……まあ、なんと言っていいか。正直言って、おいしくなかったんです。しーんとする私たちを尻目に「あれ？　皆どうしたの？」と、一人皿をかきこむ三田君。あれには参りました。

いまはだんなさんが食事を作ることもめずらしくない時代です。本来なら新郎に贈る言葉でしょうが、今日はあえて新婦に贈ります。伊達政宗の名言に、「朝夕の食事はうまからずとも褒めて食うべし」があります。毎日褒めていれば、きっと上達します。私たちは残念ながらその役目を担えませんが、文絵さん、愛情を込めて、三田君の料理を食べてあげてください。

結び

本日は本当におめでとうございます。末永く、お幸せに。

仲のよい上司として新郎の失敗談を話す

新郎新婦と仲がよく、披露宴の雰囲気もなごやかであれば、失敗談を話すのも一興です。笑える話になるように工夫しましょう。最後にフォローも忘れずに。

Step up

嫌みにならないように

「女性が料理を作る」という固定観念を意識させると、参列者の反感を買うことがあります。ここはサラリと言い過ごしましょう。

新郎新婦共通

勤務先の上司

主賓のスピーチ

新婦の妊娠を発表する

明るく

1.5分

導入

米倉将斗君、由香さん、ご結婚おめでとうございます。ふたりの共通の上長として、僭越《せんえつ》ながらスピーチのトップバッターを務めさせていただきます。

内容

すでにご存じの方もいらっしゃるようですが、本日はもう一つおめでたい報告があります。新郎新婦のたっての希望で私から発表させていただきますが、実は由香さんのおなかには、ふたりのかわいいお子さんが宿っています。出産予定日は来年1月とのことです。由香さんは今年の10月までお仕事を続け、産休を取ったあと、また我が社に復帰してくださることになりました。我が社では新製品のお菓子のモニターを、お子様にもお願いすることがあるのですが、お子様が数名集まると、あまり集中して説明を聞いてもらえないのです。でも由香さんが「このお菓子、おいしいよー」と言うと、お子様たちがいっせいにふり向くんです。子どもが大好きだから、子どもの心をつかむのがじょうずなのでしょうね。こんな由香さんなら、きっとすばらしい母親になってくれると思います。

結び

この新しい家族が末永く幸せであるよう、私からも皆様にご協力をお願いして、お祝いの言葉とさせていただきます。

新婦の妊娠を主賓から参列者に伝える

新婦が妊娠している場合に、勝手にスピーチでその報告をするのはタブーです。新郎新婦から発表を依頼されたような場合は、参列者に明るく伝えましょう。出産予定日などの報告も忘れずに。

Step up

おめでたさを強調する

結婚前の妊娠に反感を抱く人もいるでしょうが、発表をするときには「おめでたいことが重なった」というニュアンスで、ふたりを祝福する姿勢を見せるようにしましょう。

新郎新婦共通
勤務先の上司

主賓のスピーチ

新郎新婦の人柄を語る

格調高く

1.5分

導入

新郎新婦と同じ東和実業の営業部に勤める小田と申します。

加藤涼平君、弥生さん、ご結婚おめでとうございます。ご両家の皆様にも、心よりお祝いを申し上げます。

内容

ふたりから結婚の報告を受けたときは驚きましたが、同時にうれしくもありました。新郎は、いまどきの若い人にはめずらしく熱い男です。酔うと必ず「部長、俺この仕事好きです！」と何度も言うのには少しあきれますが……。しかし自分の仕事や会社に誇りを持つ姿は、上司の胸を打ちます。本当にかわいいやつです。

対する新婦は、いつもにこやかで気配り上手な女性です。我が社では自分のお茶は自分で入れることになっているのですが、朝からトラブルが起こって一日中その対処に追われていた日の夕方、「お疲れさまです」と言って1杯のお茶を出してくれたことがあります。あのときのお茶は、いままでで一番おいしかったなあ。本当にやさしい、すばらしいお嬢さんです。

結び

新郎新婦は互いに最高のパートナーを見つけました。それはふたりの上司である私が保証します。いつまでも仲よく幸せな家庭を築いてください。

新郎新婦の人柄をエピソードをまじえて披露

新郎新婦双方の上司なら、具体的なエピソードをまじえながら、ふたりの人柄を語ります。文例では、新郎の熱くてまじめな一面と、新婦のやさしい性格を紹介しています。

Step up

実感を込める

当時のことを思い出すように、実感を込めて話しましょう。目を細めたり、独り言のように聞こえたりしてもかまいません。少し間を置いてから、次の言葉につなぎます。

新郎新婦共通
大学の恩師

主賓のスピーチ
新郎新婦の学生時代を語る

しみじみ
1.5分

導入

ご指名でございますので、僭越《せんえつ》ではございますが、ひと言ご祝辞を述べさせていただきます。神栄大学で考古学を教えております楠田と申します。

小島稜君、佳子さん、そしてご両家の皆様、本日は誠におめでとうございます。

内容

おふたりは私が専門とする考古学のゼミの教え子でした。「歴史を体感する」というのが私のモットーでして、週末にはよくゼミの皆を連れて遺跡に出かけたものです。小島君はおもに住居跡や墓跡に興味を示していましたが、佳子さんのほうは、土器や瓦などの出土品に関心を持っていましたね。異なる観点から遺跡を見ていたふたりの議論は、いつも白熱していました。冷静に分析する小島君に、つねに斬新な発想を持ち込む佳子さん。はたで聞いている私はふたりの様子をいつもおもしろがって見ていたものです。

小島君はその後猛勉強して博士号を取り、今年めでたく博物館の学芸員になりました。佳子さんは公務員となり、郷土の大切な歴史を守るべく、文化財課で活躍しておられます。

結び

郷土の財産を守るおふたりが夫婦となり、私もたいへんうれしいです。本当におめでとうございます。

ゼミで議論していた新郎新婦の様子を伝える

学生時代の恩師なら、当時の新郎新婦の様子を伝えます。この文例のように、新郎の冷静さと、新婦の発想力、そしてふたりが白熱した議論をしていたことなどを、教授の立場から披露するとよいでしょう。ふたりが働いているなら、仕事をたたえる言葉でしめます。

Step up
新郎新婦のほうへ手を向けて

新郎のことを言うときは新郎のほうへ、新婦のときは新婦のほうへ、それぞれ手を向けて、紹介をするようにゆっくり言葉を発します。

乾杯のあいさつとは

乾杯は宴のスタート 明るく元気に発声を

　新郎新婦入場、主賓のスピーチ、ケーキカットなどの儀式的な演目をへて、やっと本格的な宴が始まります。その合図になるのが乾杯の発声。この役をまかせられたら、元気よく「乾杯！」と発声し、会場の硬い雰囲気をやわらげましょう。

　乾杯の音頭では、参列者にグラスが行き渡っているかどうかの確認や、参列者への唱和のお願い、そのあとのお礼など、入れなければいけない要素があります。また、冒頭に新郎新婦のお祝いの言葉や簡単な自己紹介を入れることも、忘れてはいけません。

短くても心のこもった 祝辞を添える

　宴を始める合図とはいえ、さすがに「乾杯」のひと言だけでは寂しいものです。早く歓談や食事に入りたい参列者の気持ちをくみつつも、短いながら心のこもった祝辞を添えましょう。参列者全員がグラスを持って起立していることを考えれば、乾杯のあいさつは1分ほどに収めるのがよいでしょう。

　カジュアルな雰囲気や小規模な披露宴の場合、祝辞から乾杯まで依頼されることもあります。主賓の役割をかねるときは、新郎新婦および参列者を着席させ、5分以内をめやすに話すとよいでしょう。

乾杯のあいさつ　準備のポイント

- □ 宴を始める合図なので明るく元気よく
- □ グラスを持って立っている列席者に配慮し1分以内にとどめる
- □ 冒頭にお祝いの言葉を必ず述べる
- □ 参列者全員にグラスが行き渡っているかどうか確かめる
- □ 乾杯の発声は、全員が唱和できるよう唱和の呼びかけのあとに大きな声で
- □ 乾杯後、参列者に対して唱和のお礼を言う

新郎側
勤務先の上司

乾杯のあいさつ 基本文例

導入

ただいまご紹介にあずかりました**ニチナンファイナンスの小野寺哲郎**でございます。**須藤雄一郎**さん、**桃子**さん、誠におめでとうございます。ご両家の皆様方にも、**心より**お祝いを申し上げます。

内容

私は仙台支店から転勤になったばかりですが、新郎の機転のよさと気さくな性格には**何度も**助けられています。転勤後すぐによい部下に恵まれ、このようなおめでたい席に呼んでいただき、**たいへん**光栄です。

結び

それでは、おふたりの門出を祝して乾杯をしたいと存じます。**皆様**[1]、ご起立いただけますでしょうか。新郎新婦のご多幸をお祈りいたしまして乾杯をいたします。ご唱和をお願いいたします。**乾杯**！

（会場「乾杯！」）

皆様、どうもありがとうございました。

乾杯のあいさつは短めに1分以内に収めましょう。主賓の祝辞を兼任する場合は、5分以内をめやすにします。

格調高く

1分

太字▼強調

導入

自己紹介・祝福の言葉

自己紹介とお祝いの言葉を述べます。厳格な宴の場合は、あいさつも硬めに。

内容

新郎新婦の人物紹介

新郎または新婦の印象やメッセージを簡潔にまとめて伝えます。

結び

「乾杯！」の呼びかけ

グラスが行き渡っているかなどを確かめて、唱和を促します。

Point 1

グラスの準備と起立を促す

発声の前にひと声かけて、会場の人たちに準備してもらいます。全員に行き渡ったのを確認してから乾杯へ。

新郎側

高校の恩師

乾杯のあいさつ
好天に恵まれたとき

明るく

1分

導入

宮路典史君、千絵美さん、ご結婚おめでとうございます。

はなはだ僭越《せんえつ》ではございますが、ご指名を頂戴《ちょうだい》しましたので、乾杯の音頭を取らせていただきます。

内容

昨日まで降り続いた雨がうそのように、今日は朝からすばらしいお天気ですね。そういえば、高校時代にサッカー部だった新郎は晴れ男で有名でした。彼が出場する試合は決まって晴れ。けがなどで出場できないときは、たいてい雨か曇り空だったのです。さすが新郎ですね、自分の一生に一度の大舞台でも、天を味方にしてしまいました。

結び

それでは、新郎・典史君と、新婦・千絵美さんの末永いお幸せと、ご両家ならびにご臨席の皆様方のご多幸とご繁栄をお祈りしまして、乾杯をいたしたいと存じます。皆様、グラスの準備はよろしいでしょうか。ご唱和をお願いいたします、乾杯！

（会場「乾杯！」）

どうもありがとうございました。

当日の天気と新郎の晴れ男ぶりを褒める

当日が晴天の場合、新郎新婦に晴れ男・晴れ女などの逸話があれば、過去の具体的なエピソードにつなげて明るく話すと、披露宴がより華やかな印象になるでしょう。

Step up

明るい話題を選ぶ

乾杯の音頭は宴をスタートさせる第一声です。しんみりした話は避けて、なるべく明るい話題で盛り上げましょう。シンプルなスピーチで会場を盛り上げることが、乾杯の音頭のもっとも大切なポイントです。

新婦側
父の友人

乾杯のあいさつ
親孝行な新婦を褒める

しみじみ

1分

導入

ご紹介いただきました、新婦さくらさんのお父上と30年来の友人であります河合伸明と申します。このたびは、新婦および新婦のお父上から大役を賜り、僭越《せんえつ》ながら、乾杯の音頭を取らせていただきます。

内容

今日の新婦はいちだんと美しいですが、彼女は外見だけでなく、内面も非常に美しいお嬢さんです。5年前、彼女が初めてお給料をもらった日、「この日まで育ててもらったお礼の気持ちです」と言って、全額をご両親に渡したそうです。お父上からその話を聞いたとき、いまどきそんな若い子がいるなんて、と驚きと感動を覚えました。実にいい娘さんです。

結び

その新婦が、心やさしい新郎と新しい家庭を築きます。若いふたりの前途を祝し、乾杯したいと存じます。皆様、準備はよろしいでしょうか。

それでは参ります。武敏君、さくらさん、本日はおめでとうございます。

乾杯！

（会場「乾杯！」）

ありがとうございました。

新婦の内面の美しさと親とのエピソードを語る

年長者らしい話題で、くだけすぎず、簡潔に話します。文例のように親の友人という立場なら、新郎新婦の親孝行でやさしい性格などについてエピソードを入れて伝えましょう。

Step up

グラスは胸の高さで

スピーチ中は、グラスを片手で胸の高さで持ち、「乾杯！」の声とともに顔の高さまで上げましょう。

体験談

ダイエットにまつわる笑い話を披露された

上司と新郎が、新婦に内緒で「やせたほうがいいね」と意気投合していたことを暴露。披露宴までにダイエットが成功して美しくなったことを褒められました。

（34歳女性　デザイナー）

新郎新婦共通

勤務先の上司

乾杯のあいさつ

職場結婚を祝福する

明るく

1分

導入

ただいまご紹介にあずかりました、御堂興業の池田麻子と申します。

諸先輩方を差し置いて恐縮ですが、乾杯の音頭を取らせていただきます。お酒の準備がととのうあいだに私からも少しお祝いを述べさせてください。

内容

新郎の柳本君は、いつも明るく、毎日元気に外回りをしています。新婦の理那さんは、そんな営業の柳本君の補佐を万全にこなし、ときには叱咤激励する強い味方です。ふたりの絶妙なコンビネーションを見ている私としては、新しい家庭もきっとうまくいくと信じております。

結び

それでは準備がととのったようですので、話は短くして、おふたりに祝杯を差し上げたいと存じます。乾杯のかけ声は、私の後に続いて「おめでとうございます」とご唱和いただけますでしょうか。それでは参ります。

柳本修君、理那さん、ご結婚おめでとうございます!

(会場「おめでとうございます!」)

皆様、ありがとうございました。

お酒がととのうまでの短い祝辞を述べる

お酒が全員に行き渡るまでの短い時間を使って祝辞を述べます。日ごろのふたりの仕事ぶりや相性のよさを話すとよいでしょう。

Step up

お酒の準備具合の確認を

会場のスタッフがお酒をついでまわっているあいだ、少しスピーチの時間をもらうことを参列者に断ると、ていねいな印象になります。全員にお酒がつがれていない状況で乾杯の声をかけないよう、くれぐれも気をつけてください。

Chapter 2

友人・同僚・親族のスピーチ

友人・同僚・親族のスピーチとは

新郎新婦との思い出をふり返り オリジナルのエピソードを

原稿を作る前に、新郎新婦がなぜあなたにスピーチを頼んだのか考えてみましょう。きっと新郎新婦にとってあなたは特別な存在で、だれにでも話せるようなありきたりの内容ではなく、あなたにしかできない特別なスピーチを願っているでしょう。

そんな新郎新婦の期待をプレッシャーと感じる必要はありません。要は、新郎新婦との忘れられない思い出（エピソード）を語ればよいのです。参列者を笑わせたり、感心させたりするのが目的ではありません。あくまで主役を引き立てるスピーチを心がけましょう。

それぞれの立場に ふさわしい内容に

もっともスピーチを頼まれる可能性の高いのが友人です。数多くの思い出のなかから一つだけを選んで、自分しか知らない新郎新婦の意外な一面や、ふたりのなれそめなどを参列者に披露しましょう。

同僚の場合は、話題が必然的に会社でのことになります。主賓が上司だとすると、同じ話題は避けたほうが無難。あくまで同僚の目線から見た新郎新婦のよさをアピールします。

親族中心の披露宴では、おじやいとこがスピーチすることもあります。相手側の親族にも配慮した話題を考えましょう。

友人・同僚・親族のスピーチ　準備のポイント

- □ オリジナルのエピソードが入っているか
- □ 新郎新婦が嫌がる話をしていないか
- □ 両親・親族へも配慮しているか
- □ 主賓のスピーチと重複していないか
- □ 内輪ウケの話になっていないか
- □ 参列者の反応を気にしすぎて本来の目的を忘れていないか

友人・同僚・親族のスピーチ 書き込み式フォーマット

※新郎新婦の大学時代の友人の例

導入 自己紹介・祝福の言葉

（新郎の氏名）例 加藤貴俊　（新婦の名）例 亜希子

君、　さん、本日はおめでとうございます。

（自己紹介）例 大学時代からの友人

としてひと言、お祝いを申し上げます。

あらたまった場ではありますが、

（ふだんの呼び方）例「貴俊」

今日はいつもどおり　と呼ばせてください。

内容 新郎新婦の人物紹介・はなむけの言葉

（新郎または新婦の名）

とのいちばんの思い出は、

（新郎・新婦との思い出や人柄を、具体的なエピソードをまじえて紹介）
例 貴俊とのいちばんの思い出は、大学時代のサークルで行った八ヶ岳でのできごとです。
この日は……（中略）

（エピソードからわかる新郎・新婦の人柄）
例 このように貴俊は、一見クールですが実はおっちょこちょいなやつなんです。

（はなむけ・助言）
例 でもそんな貴俊を、しっかり者の亜希子さんが支えてくれているのですね。
亜希子さん、これからも貴俊をどうぞよろしくお願いします。

結び はなむけの言葉

おふたりが今後、すばらしい人生を歩まれることを、心よりお祈りしています。
末永くお幸せに。

おすすめスピーチがわかるチャート

あなたに合うスピーチはどれ？
質問に答えるだけで
スピーチの鍵が見えてきます！

1

あなたがスピーチを頼まれたのは

- 両親が出席する大規模な披露宴 → 5へ
- 友人・同僚だけの小規模なパーティー → 2へ

2

披露宴の出席者には

- 知り合いが多い → 6へ
- 知り合いが少ない → 5へ

3

あなたと新郎（新婦）の間には

- エピソードが豊富 ▶「感動するスピーチ」へ
- エピソードが少ない ▶「褒めるスピーチ」へ

4

あなたは新郎（新婦）の相手のことを

- よく知っている → 8へ
- まったく知らない → 3へ

5

あなたは人前で話すのが

- 得意 → 6へ
- 苦手 → 4へ

6

あなたは

- 新郎の友人代表 → 9へ
- 新婦の友人代表 → 7へ
- 新郎新婦共通の友人 → 8へ

あなたにおすすめの
スピーチは……

▶ 感動するスピーチ

もっとも失敗が少なく、印象に残るのがこのスピーチです。新郎新婦の両親や親族、会社の人たちが知らないような思い出話がベスト。ただし、エピソードを淡々と語るだけでは感動的にはなりません。原稿も重要ですが、話し方や言葉の抑揚のつけ方、間の取り方にも注意しましょう。

➡P73、P75、P86、P96など

▶ 褒めるスピーチ

披露宴では新郎新婦が主役です。主役を褒めるスピーチは、笑いや感動ほどの盛り上がりはありませんが、本人やその両親、参列者も納得するため、スピーチが苦手な人にはおすすめです。とくにエピソードが思い浮かばなくても、新郎新婦の長所を考えつくかぎり思い出してみましょう。

➡P77、P85、P89、P94など

▶ 笑えるスピーチ

新郎の友人代表としてスピーチをする場合は、「会場を盛り上げる」ことを期待されているケースも多いでしょう。人前で話すのが得意で、新郎がひょうきんなタイプであれば、笑いを起こすスピーチが最適です。ただし、下ネタや内輪ウケの話は厳禁。新郎新婦の家族がいる場合は、とくに注意しましょう。

➡P74、P80、P84、P88など

7

新婦は
どちらかというと

まじめ
▶「褒めるスピーチ」へ

やさしい
▶「感動するスピーチ」へ

8

あなたは
ふたりのなれそめを

知っている
▶「感動するスピーチ」へ

知らない
▶「褒めるスピーチ」へ

9

新郎は
どちらかというと

まじめ
▶「褒めるスピーチ」へ

ひょうきん
▶「笑えるスピーチ」へ

新郎側
大学の友人

友人のスピーチ 基本文例

一般的なスピーチは「導入」「内容」「結び」の3つのブロックによって構成されます。まずは基本文例を参考に友人のスピーチの全体像を把握しましょう。72ページからは3分以内に話せるよう1.5分の文例を紹介しています。

明るく

3分

導入

森本晃生君、**玲奈さん**、本日はおめでとうございます。①**すばらしい**晴天に恵まれて、ガーデンパーティーも大成功ですね。②私は**大学時代に**森本君と同じ地質学のゼミを専攻していました**中村哲夫**と申します。

内容

森本君は当時、まじめな半面、無口で近寄りがたい雰囲気でしたが、映画好きという共通点がわかってからは、**急速に**仲よくなりました。大学卒業後もときどきメールを交わしてはいたのですが、**驚いたのは**卒業して1年後に再会したときです。大学時代は**1週間同じ服を着ていても気にしなかった**彼が、めがねをコンタクトにし、おしゃれな髪形になり、服の趣味まで変わって**あか抜けて**いたのです。「社会人デビューかよ」とひやかしたら、思いがけず「彼女ができたんだ」のひと言。しかし当時の僕はひねくれていましたから、

導入

祝福の言葉・自己紹介

仲のよい友人・同僚・親族なら、形式ばらずに、まずは新郎新婦に「おめでとう」の言葉を伝え、自己紹介しましょう。

Point 1

その日の様子を話す

当日の天気や会場の様子など、その日ならではの内容をひと言入れると、「型どおりのスピーチ」との印象をまぬがれます。

太字▼強調

「外見だけつくろってもボロが出るんじゃないか？」と彼の幸せをねたんでいました。

ところがその後もふたりの交際は順調で、こうしてめでたくゴールイン。③いまは当時のひねくれていた自分を反省し、**素直に**ふたりの幸せを喜んでいます。

それに森本君が変わったのは、外見だけではありません。どちらかというと照れ屋で話し下手だった森本君が社交的になったのは、ひとえに玲奈さんの影響だと思います。でもその半面、森本君の**まじめで**一本気なところは変わりません。きっと玲奈さんにとっては、彼のそういう本質も魅力なのではないでしょうか。

結び

おふたりが今後**すばらしい**人生を歩まれることを心よりお祝い申し上げ、簡単ではありますが、私のあいさつとさせていただきます。おめでとうございます。

Point 2 自己紹介は簡潔に

司会者から紹介を受けた場合は、重複しないよう簡単な補足をするだけにとどめます。

内容 新郎新婦の人物紹介

友人・親族として話す場合は、共有しているとっておきの思い出を、具体的に話すといいでしょう。同僚なら、職場での働きぶりだけでなく、人柄がわかるようなエピソードを話します。ただし、新郎新婦が言われたくない事柄もあるので、事前にたずねてからにしましょう。

Point 3 声のトーンを変える

前半は新郎の変化をひやかすような語調ですが、ここからはふたりの幸せを願い、新郎の変化を喜ぶ友人としてのまじめなメッセージに変わります。声をやや落とし、真剣な表情で会場に向かって語りかけましょう。

結び はなむけの言葉

もう一度お祝いの言葉を述べます。やや大きな声で再度祝福し、頭を2、3秒下げます。

新郎側

大学の友人

友人のスピーチ

サークルが同じだった

明るく

1.5分

導入

松井孝之君、瑠璃《るり》さん、本日はおめでとうございます。

内容

松井君と僕は山岳サークルに入っていまして、平日は毎日いっしょ、週末も山で一晩いっしょと、濃密な4年間を過ごしました。あ、いま会場に「気持ち悪い」という空気が漂いましたね。僕もいまふり返ると同じ気持ちです。なぜあんなに毎日いっしょにいて飽きなかったんでしょう。

ともあれ、学業はほったらかしで山通いをしていたあのころ、松井君の提案で、「毎年干支《えと》の名前がつく山に登ろう」と約束をしました。日本全国には十二支の名がつく山がたくさんあります。始めた年は申《さる》年で、静岡県にある、標高約1000メートルの猿山に登りました。今年は7年目の兎年。年ごとに体力が衰えている僕は、福井県にある89メートルの兎越山《おさごえやま》でお茶をにごそうと考えていました。ところが松井君は、静岡県の3000メートル近くある兎岳《うさぎだけ》に登ろう！　と言うのです。なぜそんなにはりきっているのか、そのあと謎が解けました。瑠璃さんが兎年生まれという、ただそれだけの理由だったんです！　これはもう松井君と友人になった運命と思って、つきあってやるしかないですね。

結び

こんな山好きで男気あふれる彼を、瑠璃さん、よろしくお願いします。

山岳サークルの思い出と山好きな新郎について語る

山についてあまり知らない人のためにも、簡潔に説明を加えて興味深い話にしましょう。専門用語は極力避け「男の趣味」という視点で語り、新婦に理解してもらいたいという結びにします。

Step up

会場を笑わせる

最初からウケ狙いで話を作っても、外してしまうことが多々あります。通常の話し方をしながら会場を観察し、クスクス笑いなどがもれてきたら、すばやくこのひと言を。会場の緊張が解けて、なごやかな笑いが起きるでしょう。

新郎側

留学時代の友人

友人のスピーチ

留学の思い出を語る

しみじみ

1.5分

導入

桑名雅俊君、律子さん、ご結婚おめでとうございます。あらたまった場ではありますが、「雅俊君」と言うのは非常に照れるので、今日はいつもどおり「マサ」と呼ばせてください。

内容

マサとはアメリカでの留学時代に仲よくなりました。留学して1か月ほどたったころ、お恥ずかしい話ですが、僕は引きこもりになってしまいました。自信のあった英語が思うように通じない悩みから、部屋にこもってしまったのです。そこで毎日部屋をたずねてくれたのがマサです。バカな話からまじめな話まで朝まで語り合うことも多く、僕にとっては本当に貴重な時間でした。そのとき彼が必ず言っていたのが「完璧じゃなくていいんだよ」というセリフです。思えば僕は文法的なことばかりに気を取られて、血の通った会話を心がけていなかったのかもしれません。それからの僕は「伝えたい」という熱意を持って人と接し、友人も増え、楽しい留学生活を送ることができました。すべてはマサのおかげです。本当に心のやさしい、情にあつい、いいやつです。

結び

こういうあらたまった場がないと、照れてマサに感謝を伝えられません。今日はいい機会を与えてくれてありがとう。本当にお幸せに。

留学時代に新郎に助けてもらったエピソード

異国の地で落ち込んでいた自分を励ましてくれた新郎に、感謝の意を述べます。新郎のやさしさや情のあつさが、会場の人にも伝わるように語りましょう。

Step up

新郎を褒める

ここは一語一語かみしめるように、ゆっくり言葉を発しましょう。新郎を見るのではなく、会場をしっかりと見すえながら、誠意を持って話します。

新郎側

高校の友人

友人のスピーチ

新郎のキャラクターが特徴的

明るく

1.5分

新郎のキャラクターから話をおもしろく語る

新郎が大柄で大食漢であることは、会場のたいていの人が知っていることでしょう。そのうえで、自分だけが知っている、想像をはるかに超える食べっぷりのエピソードを話して会場を驚かせます。

導入

達郎、陽子さん、ご結婚おめでとうございます。

内容

披露宴といえばイタリアンやフレンチが多いなか、今日はめずらしく中華料理でのパーティーです。たしかに繊細なフレンチは達郎の柄じゃない。大皿で、皆で楽しくにぎやかに食べるのが好きな達郎の趣向がみごとに反映されていると思います。食べ盛りの僕たちには大いにありがたいですね。

達郎は見かけ同様、本当によく食べます。いちばんすごかったのは高校の修学旅行。秋田できりたんぽ鍋が出てきたときのことです。実はその前に五平餅や串カツをたくさん食べておなかいっぱいだった僕たち。テーブルに置かれた10人前の鍋を見て、げんなりしていたのです。ところが一人だけ箸を持って立ち向かう男がいました。それが達郎です。皆が呆然と眺めるなか、彼は10人前の鍋を独りですべて平らげてしまいました。これには教師も宿の主人もびっくりです。後に達郎の食いっぷりにほれこんだ主人が、きりたんぽを山盛り送ってきてくれたとか。

結び

他人から見れば頼もしい達郎の食いっぷりですが、妻となる陽子さんはたいへんでしょう。でも達郎は食った分だけよく働きます。どうぞ毎日、食卓をもりたててやってください。本当におめでとうございます。

Step up

新郎をよろしく

おもしろい話の後で、新婦をフォローします。新郎が「食べた分だけ働く」という美点をあげて、新郎のためによろしくお願いします、と友人の立場から伝えましょう。

新郎側

中学の友人

友人のスピーチ

学生時代の思い出を語る

明るく

1.5分

導入

戸田君、千尋さん、本日は誠におめでとうございます。中学時代からの友人としてひと言、お祝いを申し上げます。

内容

僕が戸田君と仲よくなったのは中学2年で同じクラスになったときでした。なんとなくウマが合う仲間数人がグループになったのですが、それだけなら、ここまで長いつきあいにはならなかったかもしれません。僕が心底、男として戸田君にほれたエピソードがあります。

クラス替えから1か月ほどたったころ、ある男子が自分のグループとそりが合わなくなり、独りでご飯を食べるようになりました。僕たちは見て見ぬふりをしていたのですが、翌日の昼食の時間、おもむろに戸田君が立ち上がり、彼のもとへ行って「いっしょに食おうぜ」と誘ったのです。僕も独りで食べている彼を気にはしていたのですが、誘う勇気はなかった。関西弁で言うところの「ええかっこしい」と思われるのが嫌だったのです。でもそんなことを気にせず、サラッと行動に移せる彼には敬服しました。彼のその性格は、10年以上たったいまも変わりません。

結び

こんな思いやりに満ちた戸田君ですから、きっと千尋さんのことも大切にして、いい家庭を作るでしょう。おふたりとも、お幸せに。

中学時代の心温まる話をする

中学時代に自分がいちばん感銘を受けた新郎にまつわるエピソードを披露して、新郎の人柄を伝えます。「こんないい人だから家庭も大切にするでしょう」と、結びの言葉へとつなげましょう。

Step up

方言をうまく使う

スピーチは基本的に標準語でおこなうものです。ただし、効果的だと思われるところでは、方言を使うとよいアクセントになるでしょう。

新郎側
幼なじみ

友人のスピーチ

幼いころの思い出を語る

しみじみ

1.5分

導入

裕輔君、志保さん、本日はご結婚おめでとうございます。ご両家の皆様にも、心からお祝いを申し上げます。

内容

裕輔君とは実家が隣どうしで、かれこれ30年近いつきあいになります。隣どうしといっても、うちはふつうの一軒家、裕輔君の家は町内でいちばん大きいお屋敷です。ひやかしで「坊ちゃん」と呼ぶと、顔を真っ赤にして怒ったものです。そんな望月家に、うちは家族ぐるみで仲よくしてもらいました。とくに僕は子どもの一人のようにあつかってもらって、毎日遊びに行っていたくらいです。夏には望月家の庭でセミをとり、冬には庭に落ちている栗を拾って焼き栗にして食べました。お屋敷の坊ちゃんというと、なんだか高飛車で生意気な男の子を想像しがちですが、裕輔君はやさしいご両親のおかげか、打ちとけやすいほがらかな性格で、「育ちがいい」というのはこういうことを言うのだな、と実感します。

結び

そんな彼が今回の結婚を機に、お父様の事業をつがれることになったとか。心なしか、おだやかな顔にりりしさが加わり、もう「坊ちゃん」という言葉は似合いません。これからは一家の主《あるじ》として、家庭と仕事を守るたくましい男になってください。おめでとうございます。

幼いときに遊んだ思い出を語る

学校の同級生などでは語りえない、幼なじみならではの話をしましょう。「坊ちゃん」という昔のあだ名を持ち出し、結びの言葉で「坊ちゃんを卒業して一人前の男になった」のようにつなげると、スピーチがしまります。

Step up

新郎の両親についてふれる

新郎を褒めつつ、そういう彼を育て、自分もお世話になった新郎の両親を褒めたたえるような言い方をします。新郎の両親がいる席を見ながら話すとよいでしょう。

新郎側

趣味の友人

友人のスピーチ

共通の趣味がある

明るく

1.5分

導入

高津君、明美さん、ご結婚おめでとうございます。私は彼が所属する野球チームで捕手をしている野々村と申します。

内容

高津君とは知人の忘年会で知り合い、「野球チームを作ろう！」と初対面から盛り上がりました。翌日、酒席での話と本気にしていなかった私のもとへ「メンバーを5人集めたよ、そっちはどう？」との電話。彼の行動力に驚きました。それだけではありません。ユニフォームを業者に依頼したのも、活動費の予算を決めたのも彼。連絡網作りから練習場所の確保まで、リーダー、会計、マネージャーの役目をすべて担ってくれています。私は職場での高津君を存じませんが、さきほどの上司の方のスピーチを拝聴し、「やはり仕事でも頼りがいがあるんだな」と確信いたしました。

そんなリーダー肌の高津君ですが、どうやら明美さんの前では少し様子がちがうようです。試合に明美さんが来るときは、いつもの緊張感から解放されてリラックスしているように見えるのです。今日も心なしか顔がにやけているような……。

結び

私は高津君の女房役ですが、野球以外では、彼のすべてを明美さんにおまかせしたいと思います。ふたりとも、本当におめでとう。お幸せに。

野球チームにいるときの新郎の様子を伝える

趣味の野球に対して全力で励んでいる新郎の様子や、そのリーダーぶりを、具体的な内容をあげて語ります。新婦がいるときとのギャップも伝えると盛り上がるでしょう。

Step up

緊張している新郎をひやかす

いつもリーダー然としてクールな新郎を、ここぞとばかりひやかしてみましょう。新郎の緊張が解けて笑顔が見えたら成功です。会場の雰囲気もなごむでしょう。

新郎側

大学の先輩

友人のスピーチ

大学の後輩について語る

明るく

1.5分

導入

村上克也君、かおりさん、ご結婚おめでとうございます。こんなにきれいな新婦をどうやってつかまえたのか……。村上君はかわいい後輩ですが、今日はやっかみ半分で、ちょっといじわるな話をします。

内容

彼は一見おとなしく人当たりがよさそうですが、実はとても熱い男で、だれかれ構わず議論をふっかけて熱弁をふるうのです。もう時効ですが、学生時代、居酒屋の席で隣にいたサラリーマンに議論をふっかけて大騒ぎになったことがあります。話は社会問題におよび、しだいに議論の声が大きくなって、ついに店の人に追い出されてしまいました。ところが、しらけた僕たちが会計を済ませて外に出ると、大声で議論をしていたはずのふたりが肩を組んで「もう一軒行こう！」と笑っています。どうも議論を重ねるうちに理解し合って、友情が育《はぐく》まれたようなのです。こういうコミュニケーションもあるのだな、と妙に感心した覚えがあります。

結び

フォローにはならないかもしれませんが、僕はこういう村上君のまっすぐな一面も気に入っています。自分が納得できるまで、とことん相手と話し合うんです。だからかおりさん、村上君の議論が止まらなくなったときは、僕たちが相手をしますので呼んでくださいね。本当におめでとう。

新郎の人柄を先輩の立場から語る

ふだんはおとなしいけれど、議論になると止まらない後輩の学生時代の失態を披露します。ただし、参列者の顔ぶれを見て、話していい内容かどうかを判断しましょう。

Step up

フォローを忘れずに

新郎の失態や欠点を話したときは、必ず最後にフォローして、話をきれいにまとめましょう。

新郎側

高校の先輩

友人のスピーチ

部活の後輩について語る

明るく

1.5分

導入

渡辺祥一郎君、聖子さん、本日はおめでとうございます。華やかな披露宴ですが、あちらにある僕たちのテーブルだけ、男くさい雰囲気が漂っております。それもそのはず、集まっているのは渡辺君が高校時代に在籍していたアメフト部の連中ばかりなのです。でかい図体をできるだけ縮めておりますが、皆様に圧迫感を与えていたら申し訳ありません。

内容

そのアメフト部ですが、渡辺君は僕が2年生のときに入部してきました。あいさつもろくにできない、とんでもなく生意気な新入生だったんですよ。もちろん、僕が愛のムチでビシビシ鍛え上げました。当時は相当僕に恨みを持っていたことでしょう。僕が卒業したときは、「これで口うるさい先輩がいなくなってすっきりした」と心のなかでつぶやいていたにちがいない、と思っていました。しかし数年前、社会人になった渡辺君から「あのとき徹底的に教えられたことが、社会人生活で役に立っています。感謝しています」と言われ、思わず目頭が熱くなったものです。

結び

結びに、アメフト部全員から、ふたりへ掛け声の贈り物をします。皆様驚かれないように、気をしっかり持って見守ってください。

「祥一郎、聖子―、ファイト!」「オー!」

体育会系らしい明るく快活なスピーチを

アメフトやラグビーなど、体育会系の男性が集まる披露宴は盛り上がる傾向があります。かしこまったスピーチよりも、明るく快活なスピーチを心がけたほうがよいでしょう。ただし悪ノリは禁物です。

Step up

皆で応援する

仲間が大勢参列している場合は、部活時代の掛け声をアレンジして新郎新婦に贈っても。全員が立ち上がり、必要であれば新郎新婦の前まで行って掛け声をかけます。

新郎側

大学の後輩

友人のスピーチ

大学の先輩について語る

明るく

1.5分

導入

須藤正広さん、千春さん、本日は誠におめでとうございます。須藤さんには多くのすばらしいご友人がいらっしゃるなか、僕のような若輩者が代表スピーチをいたしますことをご容赦ください。

内容

僕は須藤さんの大学時代の後輩ですが、勉強を教えてもらったとか、レポート提出のコツを教えてもらったとかの、学業にかかわる関係はいっさいありません。須藤さんに教わったのは、酒の飲み方、門限破りの掟《おきて》、女性の誘い方の3つです。そしてそのどれもが、まちがった方法だと、後でわかりました。まず酒は一気飲みすればよいというものではありません。そして門限破りのために布団を膨らませておくのは子どもだましです。最後に女性を上手に誘うには、自己アピールだけでなく、気がきくことが必要です。でも当時の僕は多くの後輩に慕われている須藤さんに心酔していましたから、須藤さんに言われたとおりにやって、ずいぶん二日酔いになったり、寮長に怒られたり、女性にふられたりしたものです。でも、僕が本当に落ち込んでいる時、いつも励ましてくれたのも須藤さんでした。こんなすてきな千春さんを射止めた先輩、今度こそ、成功する方法を僕にも教えてください。

結び

本当におめでとうございます。どうぞお幸せに。

先輩とのエピソードをおもしろく語る

文例のように、ちょっとくだけたスピーチでは、新郎の性格をよく考えて原稿を作ることが大切です。学生時代に寮や下宿などで先輩・後輩の関係だった場合は、そのときのエピソードを披露します。ただし、深い女性関係の話や悪ふざけになる話は避けましょう。

Step up

年上の参列者に配慮する

後輩の立場なのに友人代表としてスピーチする場合は、年上の参列者に対して簡潔におわびの言葉を入れるとよいでしょう。

新郎側

高校の後輩

友人のスピーチ

高校の先輩について語る

明るく

1.5分

導入

松崎稔さん、愛子さん、本日はご結婚おめでとうございます。

僕は松崎さんの高校時代の後輩にあたりますが、実は新婦の愛子さんともただならぬ関係なんです。

内容

僕と松崎さんは高校時代に「スノッブ」というバンドを作りました。大学生になったり社会人になったりと状況が変わって抜けていくメンバーがいるなか、僕と松崎さんだけは変わらず、オリジナルメンバーとして残っています。2か月に一度、小さなライブハウスで演奏をしているのですが、2年前からそこに愛子さんが来るようになりました。そこで一目ぼれをした松崎さん。ふだんはロックだ！　とかっこつけていますが、案外小心者なんです。楽屋に入るなり「あの子を打ち上げに誘ってきてくれ、頼む！」と後輩の僕に対して懇願する始末。先輩のためなら、と僕が愛子さんを打ち上げに誘ったのが、ふたりがつきあったきっかけなんです。つまり僕はキューピッド役、もっと言えば恩人ですよね。

結び

もっと先輩についてお話したいことがあるのですが、顔を赤くしているのでここらへんでやめておきます。とにかくロック好きなおふたり、これからも仲よく、音楽のあふれる家庭を作ってください。おめでとうございます。

高校時代から続けているバンドとロック好きな新郎について

新郎との共通点であるバンドの話をして、新婦とのなれそめについても語ります。ロックで男っぽい新郎が、実は小心者だという意外性もウケるでしょう。

Step up

最初に参列者の興味をひく

たいした話ではなくても、最初にこういう言い方をすれば、参列者が「何だろう?」と興味を向けてくれます。

新郎側
職場の同僚

同僚のスピーチ

忙しい職場にいる

格調高く

1.5分

導入

新山幸之助さん、麻央さん、本日はご結婚おめでとうございます。私は新山さんと同じ職場で働く松戸と申します。同僚を代表しまして、僭越《せんえつ》ながらひと言お祝いを申し上げます。

内容

新山さんはとにかく熱血漢で、常に情熱を持って仕事に取り組んでいます。私たちが勤務する編集部は、毎週木曜日に「週刊ＥＸ」という週刊誌を発行しています。彼はそこでおもに政治・経済の記事を担当しており、私は芸能関係の記事を担当しています。この週刊誌の仕事は、はっきり言って過酷です。昼は毎日永田町に通い、夜は張り込み、張り込みのない日は会合、そしてときには裁判所に参考人として呼ばれることもあります。仕事とプライベートの区別がほとんどなく、食事も不規則。寝る時間も取れないというありさまです。そんな忙しい彼が結婚をすると聞いて、正直驚きましたが、彼にとっては麻央さんといるときがもっとも安らぐ時間なのでしょう。

結び

麻央さん、新山君が夜遅いのはすべて仕事のせいです。よけいなおせっかいでしょうが、彼の仕事を理解し、支えてあげてください。同じ職場で働く同僚として、心からお願いいたします。どうぞ、お幸せに。

忙しい新郎の仕事ぶりを伝える

過酷な労働をしている新郎のことを、同じ職場で働く立場からくわしく伝えます。結婚を決意した新郎を祝福し、新婦に理解を求める言葉で結びましょう。

Step up

職場の説明を簡潔に

自分たちの職場や仕事の内容を簡潔に伝えます。長々と説明したり、宣伝口調になったりしないよう気をつけましょう。

新郎側

職場の同僚

同僚のスピーチ

社会人になってすぐに結婚

明るく

1.5分

社会に出てまもなく結婚した同期の決意をたたえる

社会人になってすぐに結婚することをよく思わない上司や年長者もいるでしょう。潔い新郎の決意をたたえ、早い結婚を前向きにとらえて、同期全員で応援しているというメッセージを贈ります。

導入

榎本泰君、麻希さん、ご結婚おめでとうございます。本日はご年長の方が多いなか、高いところからお祝いを申し上げることを、どうぞお許しください。

内容

僕と榎本君は昨年の春に入社したばかりの、社会人1年生です。同期は男女合わせて12人いますが、もちろん榎本君は、最初の既婚者です。僕たち同期は月に1回程度飲み会をするのですが、初めて結婚の話を聞いたのは入社して4か月ほどたったころ、3回目の飲み会の席でした。その爆弾発言に、全員がのけぞって驚いたのは言うまでもありません。でも彼は学生時代からすでに結婚を決意していたとか。そして酒が入っていたとはいえ、その席で榎本君が言った言葉がとてもすてきなんです。

「いますぐ幸せにしたい人がいるんだ」

この言葉、かっこいいでしょう? ドラマみたいです。僕もいつか使わせてもらおうと思っています。

結び

ほかの同期には、当分結婚の気配はなさそうですが、仕事と家庭を両立する榎本君を全員で応援したいと思っています。忙しい日が続くでしょうが、麻希さんと幸せな家庭を築いてください。おめでとう。

Step up

言葉に力を込める

このスピーチでもっとも大切な部分です。前後の文章から一拍おいて、まっすぐ前を見ながら力を込めてこのひと言を言いましょう。照れは禁物です。

新郎側

職場の先輩

同僚のスピーチ

仲のよい職場の様子をおりまぜる

明るく

1.5分

導入

安藤雄大君、ゆずきさん、本日はおめでとうございます。会社の同僚としてひと言、お祝いの言葉を述べさせていただきます。

内容

僕は安藤君より1年年上で、安藤君の入社以来ずっと営業のペアを組ませてもらっています。とても優秀な後輩で、先輩にも分けへだてがなく、カラオケに行くと「先輩、歌下手ですね」と平気で言ったりするような、かわいいやつです。僕たち営業一課には課長を含め15人の社員がいるのですが、ほかの課からめずらしがられるほど仲がよく、月に一度は必ず飲みに行きます。ちょうど半年前に、それまで幹事をしていた僕から安藤君へその大役が引きつがれました。彼が選ぶ店はセンスがよく、それまで安い居酒屋ばかりだった飲み会がぐっとおしゃれになったと、幹事としてとても好評です。悔しいのでどこで情報を得るのかと聞くと、「彼女に教えてもらう」とのこと。聞けば、ゆずきさんは飲食店にお勤めとか。急にセンスがよくなった理由がわかりました。

結び

そんな「内助の功」を発揮しているゆずきさんにお願いです。今後は回数を減らし、安藤君を早めに帰すので、たまの飲み会を許してやってください。同僚一同お願いするとともに、おふたりの幸せを願っています。

仲のいい同僚の様子を伝え たまの飲み会を許してもらう

社内での飲み会はしかたないとはいえ、新婚夫婦にはけんかの種になることも。先輩からこういう場で先に断りを入れておけば、新婦も「しかたないか」という気分になります。

Step up

嫌みを冗談にする

こういうセリフは、陰気に言うと本当に嫌みに聞こえます。冗談であることが会場の人たちにもわかるよう笑顔で話しましょう。

新郎側　職場の後輩

同僚のスピーチ

あこがれの先輩について語る

明るく　1.5分

先輩の職場での勇姿を後輩の立場から語る

職場での非常事態に迅速に対応して、完璧に仕事をこなした先輩に対して、尊敬の念を語ります。職場の話をするときにも、なるべく専門用語は使わないようにしましょう。

導入

持田春樹さん、由梨さん、ご結婚おめでとうございます。諸先輩方がいらっしゃるなか、僭越《せんえつ》ながらお祝いの言葉を述べさせていただきます。

内容

持田先輩は、僕のあこがれです。僕が先輩を心から尊敬することになったきっかけは、1年前に起こりました。印刷所への最終しめきり日を翌日に控えた夜の10時すぎに、編集長から「花火の記事をいますぐ4ページ作れ」というむちゃなお達しがあったのです。私をはじめ、どの編集部員も自分の担当する仕事で精いっぱいです。そこで、指名されたのが持田先輩。その瞬間、先輩の顔つきが変わりました。目にもとまらぬ速さで名刺ファイルをめくり、カメラマンに電話をして写真の手配をし、全速力で原稿を書きはじめたのです。印刷所の人が原稿を取りに来た朝の6時、花火の記事は完璧にできあがっていました。すべてを目の当たりにした僕は、雷に打たれたように放心しました。ソファに横たわる先輩を見て「一生ついて行こう」と決心したのは言うまでもありません。「雑誌編集者は、いざというときの底力がないといけない」という先輩の言葉も忘れられません。

結び

本当にかっこいい先輩。これからは奥様を大切にして、幸せな家庭を築いてください。お幸せに。

Step up

ドラマチックに話す

話の山場となるところです。声を落とし、ゆっくり発声して、話がドラマチックになるよう演出をしましょう。

新婦側

大学の友人

友人のスピーチ

遠距離恋愛を実らせた

明るく

1.5分

導入

笠原隆弘さん、美鈴さん、このたびはご結婚おめでとうございます。美鈴さんの大学時代の友人としてひと言、お祝いの言葉を申し上げます。

内容

ご存じの方もいらっしゃると思いますが、おふたりは約2年の遠距離恋愛をへて結婚にいたりました。2年前、隆弘さんとおつきあいをすることになって喜んでいた美鈴さんですが、切望していた東京本社への転勤が現実となって、ずいぶん悩んでいました。しかし何事にも真剣に取り組む彼女は「恋愛と仕事、どちらも両立させる！」と宣言。隆弘さんも東京行きを応援しました。

つきあって1か月もないうちに遠距離恋愛となったおふたりですが、美鈴さんがこんなにもまめな人だとは思いませんでした。月に一度は大阪を訪れ、毎週欠かさず隆弘さんに電話をしていたのです。隆弘さんの東京栄転が決まったときの美鈴さんの喜びは、どれほどだったことでしょう。「遠距離恋愛は結ばれない」との定説を、相手を思う気持ちの強さでみごとにくつがえしたおふたりに、心から拍手を送りたいと思います。

結び

隆弘さん、美鈴さん、本当におめでとう。これからも、たまにはおふたりで大阪に遊びに来てくださいね。お幸せに。

新婦の意外な一面を語る

恋愛時代の新婦の行動については、親や会社の人が知らない面がたくさんあります。友人だからこそ知っている、意外な一面を披露しましょう。ただし「コンパに精を出していた」など、マイナスイメージになることは言わないことです。

Step up

なれそめを説明するとき

ふたりのなれそめや結婚までの経過については、すでに知っている人とまったく知らない人がいます。どちらにも失礼にならないよう、「ご存じの方もいらっしゃいますが」とひと言前置きして、説明は簡潔にすませましょう。

新婦側
大学の友人

友人のスピーチ
学生結婚をする

明るく

1.5分

導入

新婦の大学時代の友人の、坂本と申します。日ごろの親しみを込めて、今日は新婦を「佳代ちゃん」と呼ばせてください。

内容

佳代ちゃんと私は入学当初から意気投合し、学生生活をともに過ごしました。佳代ちゃんのいちばんの友人を自負していた私ですが、成績優秀な佳代ちゃんが3回生の春に突然、「私、結婚するから」と言ったときには、ひっくり返りそうになりました。「あと1年半、大学生活を楽しんでからでも遅くないんじゃない？」と言う私に、「今、将之さんが忙しくてたいへんだから、一日でも早く支えてあげたいの」ときっぱり言うのです。昔から人に相談をせず、決めるときは男子のように潔い佳代ちゃん。私はいつもそういう性格にあこがれていました。ご両親もたいそう驚かれたでしょうが、こうと決めたら揺るがない佳代ちゃんの性格は、だれよりもご存じでしょう。「結婚してどんなに忙しくなっても、ちゃんと卒業して教員の資格を取るからね」と宣言する佳代ちゃんは、必ずやその夢をかなえることでしょう。

結び

まわりに流されず、自分の信念を貫く佳代ちゃん。そしてやさしくフォローする将之さん。おふたりの幸せを、友人として心から願っています。

学生結婚にふれるならプラスイメージで

在学中の結婚をよく思わない人もいるでしょう。しかしそこに本人のゆるぎない意志があること、まわりの人たちが心から祝福していることなどを、スピーチを通して伝えましょう。誤解がなくなり、お祝いムードがいっそう強まります。

Step up

仲のよい新婦の呼び方

両親や親族が出席する披露宴では、新郎新婦を「さん」づけするのが常識です。ただし親しみを込めたスピーチをしたい場合は、最初に断ってから、呼び捨てや「ちゃん」づけをするとよいでしょう。

新婦側

専門学校の友人

友人のスピーチ

学生時代の思い出を語る

明るく

1.5分

導入

岩永さん、宏子さん、ご結婚おめでとうございます。今日は友人代表のスピーチということで、宏子さんとの思い出をご紹介したいと思います。

内容

いつもほがらかでのんびり屋の宏子さんとは、忘れられない思い出があります。学生時代の、大分への温泉旅行です。お金のない私たちは、とある古びた温泉宿に入りました。更衣室と書かれたそこは、どう見てもロッカーが並ぶただの廊下。しかたなくバスタオルで身を包み、いざ露天風呂へ行くと、そこはおじいさんおばあさんでごった返す「混浴風呂」なのでした。「若い女性がめずらしいねぇ」と好奇の目が集中するなか、あわてて「洞窟《どうくつ》風呂」へ隠れると、中は漆黒《しっこく》の闇。悲鳴を上げて奥の岩風呂へ逃げると、今度は頭上に開いた穴から、隣の家を改築していた工事のおじさんと目が合ってしまいました。半泣きで宿を飛び出したのは言うまでもありません。そのとき、落ち込んだ私の横で「これもいつか、いい思い出になるんだよ」と悠然としていた宏子さん。「度量の大きい人だなあ」と感嘆したのを覚えています。その言葉どおり、いまではいい笑い話になりました。

結び

でも宏子さん、岩永さんとはもっといい温泉に行ってくださいね。温泉好きなふたりの旅の思い出が、一つでも多く増えることを祈っています。

人柄がにじむような思い出をおもしろおかしく語る

新婦とふたりで旅をしたことは、自分だけが語れる思い出。旅を通じてわかった新婦の性格を紹介するとよいでしょう。人と重複する心配がなく、オリジナリティがあるのでスピーチに適しています。場を盛り上げる構成を考えましょう。

Step up

結びの言葉のバリエーション

通り一遍に「お幸せに」という言葉で結ぶのではなく、内容と通じるように「旅の思い出を増やしてください」などの言葉でふたりの幸せを願うのもよいでしょう。

新婦側
高校の友人

友人のスピーチ
新婦の高校時代を語る

明るく

1.5分

導入

直子さん、佐々木さん、ご結婚おめでとうございます。新婦の友人を代表して、ひと言ごあいさつをさせていただきます。

内容

今日の披露宴は、いきなりオペラ歌手の方の祝歌から始まり、皆さん驚かれたと思います。新婦のイベント好きは、高校時代から筋金入りです。文化祭の実行委員長だった彼女は、それまでの清楚《せいそ》な女学校イメージをくつがえすようなイベントを数多く考え出しました。その一つが、男性教諭と女生徒がペアで熱唱するカラオケ大会。「文化祭は男子禁制」など多くの規則に縛られていた私たちの学校では、異例のイベントでした。結果は大成功。「自分が出たかったのよねー」と言っていた彼女は、もちろんトリを務めて存分に目立っていました。しかし華やかなイベントの裏側で、彼女は毎日遅くまで準備をしたり、気難しい先生を説得したりと、陰で懸命に動き回っていました。今日の披露宴も、彼女は参列者の皆さんを喜ばせようと一所懸命に策を練り、準備に奔走したのでしょう。ただの派手好きじゃなくて、サービス精神が旺盛なんだよね、直子。

結び

ともあれ、にぎやかで楽しい、直子さんらしい披露宴に参加できてうれしく思います。ふたりで明るい家庭を作ってくださいね。お幸せに。

華やかなことが好きな新婦の陰の努力をたたえる

華やかなイメージのある新婦の場合は、その陰の努力の面をクローズアップしたスピーチにするとよいでしょう。イメージとのギャップから、参列者は興味を持って聞いてくれるはずです。

Step up
新婦に語りかける

スピーチの途中で、新婦に呼びかけたり語りかけたりすると、場がなごみます。高砂席にいる新婦のほうへ体を向けて、ほほえみながら声をかけましょう。

新婦側

小学校の友人

友人のスピーチ

新婦が夢をかなえた

しみじみ

1.5分

導入

今日子さん、順平さん、本日はご結婚おめでとうございます。ご家族の皆様にも、心からお祝いを申し上げます。私は今日子さんと10年以上おつきあいをさせていただいている松田と申します。本来ならば「今日子さん」と言うべきですが、いつもの呼び方で「きょうちゃん」と呼ばせていただきます。

内容

小学校時代、みんなが「フライトアテンダントになりたい」「パティシエになりたい」と華やかな夢を語っていたときに、ただ一人「お嫁さんになりたい」と古風なことを言っていたのが、きょうちゃんです。当時は「お嫁さんになりたいなんて、つまんなーい」とからかっていた私たちですが、こんなにも早くきょうちゃんの夢がかなうとは、思ってもみませんでした。ちなみに、そのときの仲間は皆、夢とはちがう職業についています。いまとなっては、だれよりも早く幸せをつかんだきょうちゃんを、仲間一同、本当にうらやましく思っています。

結び

きょうちゃん、よかったね。今日初めてお会いする順平さんもとてもやさしそうで、本当にいいカップルだと思います。これからはその幸せを少しでも、私たち仲間に与えてくださいね。おめでとう。

昔からの夢をかなえた新婦を祝福する

小学校からの友人ということは、10年以上のつきあいになることがほとんど。当時の思い出をふり返って、だれよりも早く夢をかなえた新婦を、仲間一同を代表して祝福します。

Step up

新郎についてもコメントを

スピーチで新郎の初対面の印象を述べると、場が盛り上がります。披露宴で初めて新郎に会う場合は、開宴前にあいさつをしておくといいでしょう。

新婦側
幼なじみ

友人のスピーチ

故郷の友人を代表して

明るく

1.5分

導入

　絢子ちゃん、裕司さん、このたびはご結婚おめでとうございます。おそらく今日出席している新婦の友人のなかではいちばん古いつきあいになる、坂本と申します。

内容

　まずは絢子ちゃん、お帰りなさい。大阪の大学に進んだ絢子ちゃんとは1年に一度、お正月だけ顔を合わせていましたが、会うたびに都会っぽく、きれいになっていく姿を見て、「絢子ちゃんにとっての故郷は、もう大阪なのかなあ」と思っていました。でも今回、こちらで結婚式をあげるという知らせをもらい、とてもうれしくなりました。大人になるまでは、私も田舎から出たくてしょうがなかったのですが、この歳になると、逆にいとおしく、そして誇りに思うようになりました。絢子ちゃんも同じ気持ちのようで、最近のメールには「今年の大手祭りはどうだった？」「墨田饅頭《まんじゅう》の味がなつかしい！」などの文面が目立ちます。

結び

　ここは本当に田舎ですが、おいしい名物料理があり、すばらしい温泉があり、美しい自然があります。「田舎でほっとしたいなあ」と思ったら、いつでも帰ってきてね。もちろん、裕司さんもごいっしょに。みんなで大歓迎しますよ。本当におめでとうございます。

故郷を離れた新婦にいつでも歓迎すると伝える

　都会に出た幼なじみが、故郷で結婚式を挙げることを喜ぶ気持ちを率直に伝えましょう。故郷のよさをあげて、いつでも遊びに来てほしいと結びます。

Step up

新郎にも呼びかける

　新婦だけではなく、新郎にも呼びかけると親しみのあるスピーチになります。体を傾け、新郎の目を見て呼びかけましょう。

新婦側

教室の友人

友人のスピーチ

同じおけいこごとに通っている

明るく

1.5分

特技や趣味を持っている新婦の長所を披露する

「女性が空手」などの意外性のある特技や趣味があれば、それだけで注目を集められます。おけいこごとを通じて、新婦がどんなふうに成長したかを披露しましょう。

導入

幸子さん、大見勇さん、このたびはご結婚おめでとうございます。私は幸子さんと同じ空手教室に通っている菅谷と申します。

内容

女性が空手をすると聞いて、驚かれた方もいるでしょう。「体育会系の男の世界」というイメージが強い空手ですが、私たちの通う教室は、生徒の7割が女性です。練習は真剣ですが、それ以外の時間はなごやかで、とても楽しい雰囲気なのです。私と幸子さんは同時期に入会し、すぐに仲よくなりました。私は運動不足解消のために入会したのですが、幸子さんの入会のきっかけは、なんと痴漢撃退、護身術のためだと言うのです。空手は決して、暴力で相手を威圧するものではありません。でも体を鍛えることで、同時に精神力も鍛えられるのです。気が弱い欠点を自覚していた幸子さんは、この精神力を鍛えたいと空手教室に通い、いまでは立派に、気が強い女性になりました。そして思わぬ副産物として、ダイエットにも成功。その成果は今日のウエディングドレス姿にあらわれていると思います。

結び

見た目はとても清楚《せいそ》なお嬢様だけれど、そのなかには空手で鍛えられた強い精神力が宿っている幸子さん。やさしさと強さをかねそなえた奥様になることと思います。どうぞおふたり、いつまでもお幸せに。

Step up

ユーモアをまじえる

「気が強い女性」を、欠点ではなく長所として話しましょう。新婦のほうに手を向けながら、皆に紹介するように話すと、ユーモアとしてとらえてもらえます。

新婦側
高校の後輩

友人のスピーチ
部活の先輩について語る

明るく
1.5分

導入

彩香さん、航大さん、本日はご結婚おめでとうございます。私は彩香さんが高校時代に所属していた水泳部の後輩で、山本と申します。卒業してからはや10年ですが、いまも「彩香先輩」と親しく呼ばせてもらっているので、本日もどうぞご容赦ください。

内容

彩香先輩の高校時代の印象といえば、ひと言、「恐い」しかありません。「あいさつ、準備、後かたづけ」をみっちり教え込まれ、少しでもサボるとミーティングでこってり叱られました。いまだから言えますが、部活のない日に外で先輩を見かけ、隠れたことは一度や二度ではありません。そんな先輩の結婚式で私がスピーチをするなんて、当時は夢にも思いませんでした。彩香先輩と私の距離が縮まったのは、先輩が卒業したあとのことです。大学が忙しいのに、試合にかかさず駆けつけ、応援してくれたのです。負けたときはやさしくなぐさめてくれて、「あの厳しさは何だったんだ?」と思ったほど。でもいまでは、厳しさもやさしさも、後輩を思う深い愛情だったんだな、とわかります。こんなこと、ふだんは照れくさくて言えませんが、先輩、ありがとうございました。本当に感謝しています。

結び

これからは人生の先輩として、ご指導をお願いします！　お幸せに！

後輩としてお世話になった感謝の気持ちを伝える

学生時代の思い出をふり返り、言えなかった感謝の気持ちを数年越しで伝えましょう。ふだんは照れくさくて言えないことを、晴れやかな場で伝えると、新婦の喜びも増します。そして、エピソードからわかる先輩の人柄を参列者に紹介しましょう。

Step up

元気な声で結ぶ

しっとりと「お幸せに」と結ぶのもよいですが、後輩の若々しさを出して元気な声でメッセージを送ると、場が明るくなります。

新婦側
職場の同僚

同僚のスピーチ

職場で人気のあった新婦

明るく

1.5分

導入

高橋大輔さん、知美さん、ご結婚おめでとうございます。知美さんの同僚を代表して、心からお祝いを申し上げます。

内容

知美さんと入社式で初めて会ったとき、女性の私から見ても「なんてかわいらしい人だろう」と思ったのを覚えています。あ、いまでもかわいらしいよ、知美。もちろん、入社してからの彼女はとても人気がありました。本人はどこまで気づいているのかわかりませんが……。同期のなかでも仲のいい私は、いろんな男性から「柿本さんって彼氏いるの？」と聞かれてたいへんだったんですよ。何も知らない知美さんは、「美里は男の子と仲がいいねー」なんて言っていたけれど、実際は「コンパに柿本さんを誘えっ」て皆がうるさくて。失礼な話ですよね！　しかも知美さんは、コンパの誘いに絶対に乗らないんです。でも今日、話に聞いていた噂のすてきな彼氏にようやくお会いできて、その理由がわかりました。こんなにすてきな男性がそばにいたのなら、職場の男性陣の誘いに乗りませんよね。

結び

大輔さん、ここまで大切に守ってきた知美です。大切にしてくださいね。それから知美、次は私の番だから、しっかり応援よろしくね。おふたりとも末永く、お幸せに。

職場でもてていた様子と新婦の貞淑ぶりを話す

職場で仲のよい同僚の場合は、少々くだけた話をしてもよいでしょう。ただし、会社の重役などが参列するかしこまった披露宴では、ていねいな言葉づかいを選び、社の評判にかかわるような話題は避けます。

Step up

会場の人に語りかける

スピーチの途中で、会場の人に同意を求めるよう語りかけてみましょう。皆の注意が集まり、後のスピーチを続けやすくなります。

新婦側
職場の同僚

同僚のスピーチ
ふたりがすでに入籍している

明るく
1.5分

導入

倉田友則さん、玲子さん、このたびはご結婚おめでとうございます。私は玲子さんと同じ職場で働く笹倉と申します。

内容

本日めでたく結婚式を挙げられたおふたりですが、実は婚姻届を出されたのは1年前のこと。ともにお仕事が忙しく、一段落ついてからということで今日のよき日となったそうです。ご結婚されたときからおふたりと親しくさせていただいている私にとっても、本当にうれしい日となりました。

1年前からいっしょに暮らし始めたおふたりですが、私は一度お家にお招きいただいたことがあります。新郎の友則さんが大阪ご出身だそうで、「たこ焼きパーティーをやるから来ない？」との言葉に、二つ返事で遊びに行きました。友則さんは、初対面とは思えないほど気さくな方で、ふだんは標準語なのに、たこ焼きを焼くときだけ関西弁になるのが、かなり私のツボにはまりました。それにつられて時折ヘンな関西弁を話し、ふざける玲子さん。職場では見られない玲子さんの素顔に、「結婚っていいなあ」と強く思ったしだいです。

結び

とっても仲のよいおふたり。仕事と家庭の両立はたいへんでしょうが、これからも明るい結婚生活を送ってくださいね。おめでとう。

ふたりの結婚生活を見た感想を話す

同居や入籍を済ませて、結婚式をあとにするケースも増えています。同居中の家を訪れた話をする場合は、両親や職場の人との関係に問題がないか、まず本人たちに確認しましょう。

Step up

式があとになった理由を簡潔に

事情を知っている人ばかりとはかぎらないので、なぜ式が後回しになったのかを、簡潔に説明しましょう。ただしマイナスイメージのことは決して言わないことです。

新婦側

職場の元同僚

元同僚のスピーチ

新婦と同僚だった

しみじみ

1.5分

導入

久美子さん、久司さん、本日は誠におめでとうございます。私は2年前まで、新婦の勤める多摩川商事に勤務しておりました。本日は、当時お世話になった上司や同僚の皆様の前で、若輩の私が高いところからお話しするご無礼をお許しください。

内容

実は、久美子さんは私の恩人なんです。私はOLのかたわら、手作りのアクセサリーを友人のお店に置いてもらうという生活を長く続けていました。しかし2年前、アクセサリー職人一本の道を進もうと決めたときに、両親をふくめ、周囲からの猛反発にあいました。そのなかで唯一応援してくれたのが久美子さんだったのです。「自分の意志が固ければ、きっと皆も理解してくれる」。そのひと言が私の背中を強く押しました。事実、最初のうちは冷たかった周囲も、私の作品が認知されるにつれ、少しずつ味方になってくれました。久美子さんがかけ合ってくれたおかげで、いまでは多摩川商事さんにもお世話になることができ、本当に感謝しています。

結び

本日は、私の恩人でもある久美子さんの幸せな姿を見ることができて、とても感激しています。久司さんとすてきな家庭を築いてくださいね。本当に、おめでとう。

転職時に応援してもらったエピソードを語る

自分が転職で悩んでいたときに、新婦に救われたエピソードを語ります。ただし自分中心の話にならないよう、すじ書きは簡潔にして、新婦のやさしさを強調しましょう。

Step up

元の会社への配慮も忘れずに

元同僚の披露宴に出る場合は、当時の勤務先の社員も出席することがほとんどです。スピーチを頼まれたら、どんな人が参列するのかを事前に聞いておきましょう。内容についても慎重に考えておきます。

新婦側
職場の先輩

同僚のスピーチ

結婚後も仕事を続ける

明るく

1.5分

導入

向井隼人さん、志津子さん、このたびはご結婚おめでとうございます。ご両家の皆様にも、心からお喜びを申し上げます。私はライラック株式会社で志津子さんと同じ営業部に所属しております持田と申します。

内容

志津子さんは私の2年後輩ですが、入社当時から気配りのできる新人と評判でした。仕事の飲み込みが早く要領もよいので、安心して仕事をまかせられます。ここ数年は、さまざまなプロジェクトで補佐をしてもらったり、貴重な意見をもらったりと、本当に助けられています。ですから、今回ご結婚されてもお仕事を続けられると聞いて、心底ほっとしました。

要領のいい志津子さんのことだから、家庭との両立もそつなくこなされるとは思いますが、同じ立場の私からひと言だけ、アドバイスをさせていただきます。それは「肩の力を抜く」ということ。何でも完璧にしようとすると、ストレスがたまります。仕事に疲れているのに無理して家事をこなすと、そのツケが体にきます。もう若くないんだからね。「洗濯なんて明日でもいいや」くらいの大らかさで、気楽な両立を心がけてください。

結び

幸い、隼人さんはとてもご理解ある方とうかがっています。おふたりで仲よく、仕事と家庭を両立してください。どうぞ末永くお幸せに。

結婚後も会社に残る後輩を応援する

最近は理解ある会社が増えましたが、女性が結婚後も職場に残ることに批判的な人もいます。同じ立場の先輩としてエールを送りましょう。細かいことをいくつも言わず、「ひと言だけ」とアドバイスするのがコツです。

Step up

仕事を続けることを喜ぶひと言を

結婚後も仕事を続けると決めた女性にとって、周囲の応援は頼もしいものです。自分は味方であること、仕事を続けることを祝福している旨を伝えましょう。

新郎新婦共通

幼なじみ

友人のスピーチ

新郎新婦と幼なじみ

明るく

1.5分

導入

健ちゃん、清美ちゃん、本当におめでとう。ふたりともすごくすてきよ。なんだかさっきから涙ぐんでしまって……皆様、すみません。うまくスピーチができるか不安ですが、ひと言ごあいさつをさせていただきます。

内容

ここにいるおふたりとは家が近所で、もう20年以上のつきあいになりますが、とにかくつきあう前も後も、けんかの絶えないカップルでした。けんかといっても本当にささいなことなんです。小学生のとき、きれい好きの清美ちゃんが健次郎君に「上ばき汚れてるから洗いなさいよ」と言うと、健次郎君が「まだ平気だよ。俺が履くんだから」「見てて嫌なのよ、私が洗うから貸して！」……という感じ。そのやりとりは、大人になったいまでも変わりません。とはいえ、これからは同じ屋根の下に暮らす家族です。仲裁役を卒業する私から、一つだけおふたりにお願いがあります。

清美ちゃん、あまり細かいことばかり言わず、ときには大らかに健ちゃんに接してあげてください。健ちゃん、いちいち意地をはらずに、清美ちゃんの言うことにも耳を貸してくださいね。

結び

とはいえ、「けんかするほど……」の言葉どおり、本当に仲のよいおふたり。人もうらやむおしどり夫婦になってくださいね。おめでとう。

幼なじみの立場から ふたりへのメッセージを

小さいころから新郎新婦を見てきた幼なじみなら、中立の立場で祝福のメッセージを贈ります。文例では、けんかの多いふたりに、この場を借りて「お願い」という形でアドバイスするなど、ほほえましい内容にしています。

Step up

涙を無理に隠さない

古くからの友人の披露宴では、感極まってスピーチ前に泣いてしまうこともあります。言葉が話せないほど号泣する場合は別ですが、少しくらいスピーチに詰まることがあっても、かまいません。会場の人には、かえってその深い思いが伝わるでしょう。

新郎新婦共通
大学の友人

友人のスピーチ
つきあいが長かった

明るく

1.5分

導入

貴俊、弘子ちゃん、今日は本当に、本当におめでとう。

皆さん、このふたりがつきあいだしてから、もう10年がたつんですよ。大学のサークルで最初にカップルになったふたりなのに、まわりの人が結婚はいつなのかと待ちわびているうちに、僕をはじめとするほかのメンバーが先に結婚してしまいました。なかには子どもまでいるカップルもいるというのに……。

内容

　僕はふたりに会うたびに、結婚をせっついたものです。すると貴俊は「いまのままでも別に不自由ないしなあ……」、弘子ちゃんは「結婚するタイミングを逃しちゃったねー」というのんきな返事。でもそんなふたりが今回の結婚を決めたのは、「大事があったときにこそ、家族のありがたみがわかる」という貴俊のお父様の言葉に、あらためてお互いを一生のパートナーとして意識し始めたからだとか。自由を謳歌《おうか》するのもいいですが、結婚によって責任を意識する大人のふたりを見るのも、友人の一人として頼もしいです。

結び

　とにかく、本当におめでとう。僕たち以上にやきもきしていただろうおふたりのご両親にも、心からお祝いを申し上げて、あいさつといたします。

結婚までに時間がかかった新郎新婦へのメッセージ

新郎新婦が結婚にいたるまでに流れた長い歳月に対して、やきもきしていたまわりの気持ちなどを代弁します。ふたりが結婚にいたった心境の変化も披露するとよいでしょう。

Step up

会場に呼びかける

冒頭から「皆さん」と会場に呼びかけると、食事やおしゃべりをしていた人も注目します。大声の必要はありませんが、会場を見渡し、よく通る声で切り出しましょう。

新郎新婦共通
アルバイトの友人

友人のスピーチ ふたりのなれそめを語る

明るく

1.5分

導入

荻原亘君、佳代子さん、ご結婚おめでとうございます。私はふたりが学生時代にアルバイトをしていたレストランで、同じ時期に働いていた庄野正志と申します。

今日は、もう時効ということで、荻原君の秘密の話を暴露しようと思います。

内容

あれは大学2年の夏でしたか、僕たちのアルバイト先に、当時大学1年の佳代子さんが面接に来ました。面接の場所まで案内した荻原君は、もうすでに佳代子さんに一目ぼれしていたのです。その後、佳代子さんが採用され、最初の週に僕のシフトと彼女のシフトが何日も重なりました。すると荻原君が「おい庄野、今週のシフト全部代わってくれよ。お礼に焼肉ごちそうするから」とひと言。うかつにも焼肉1回で彼の言うとおりにした私は、バイト代不足で金欠になり大迷惑でした。でも彼はそのあいだに佳代子さんとの距離を縮め、交際を始めることになったのです。この話、新婦の佳代子さんもご存じないと思います。やっと話せてすっきりした！

結び

ふたりのなれそめにかかわった私から、簡単ですがお祝いの言葉をもう一度言わせていただきます。ふたりとも、本当におめでとう。お幸せに！

アルバイト先で知り合ったふたりのなれそめを語る

新郎新婦と同じアルバイト先に勤めていた友人のスピーチです。新婦も知らない、ふたりがつきあうきっかけとなった話などを披露しましょう。ただし新郎新婦が嫌がる話でないかどうか、事前に確認が必要です。

Step up

注意をひく言葉を最初に

「暴露」は、決していねいな言葉ではありませんが、比較的フレンドリーな会場なら使ってもよいでしょう。冒頭にこう紹介して、参列者の注意をこちらに向けます。

新郎新婦
共通
趣味の友人

友人のスピーチ
共通の趣味がある

明るく
1.5分

導入

さとみさん、高田さん、本日はおめでとうございます。私はおふたりと同じ茶道教室に所属している松村美智子と申します。

内容

私とさとみさんは茶道教室で知り合い、仲よくなりました。ある日、茶道教室の取材ということで、カメラマンとしてやってきたのが高田さんです。とても大きくて「大きな体の人だなあ。さすがカメラマンだなあ」と思ったのを覚えています。取材後、一服どうぞということで高田さんにお茶をお出ししたのが、さとみさん。でもまさか、そんな1時間ちょっとのあいだにおふたりが恋をしたなんて、そのときはわかりませんでした。

翌週、その大きな体の人が、生徒として教室に来ているではありませんか。それからはもうフルスピードです。おふたりの仲は急速に発展し、交際3か月でご結婚にいたりました。さとみさん目当てという少し不純な動機で茶道教室に通われた高田さんですが、いまではお茶のたて方もサマになり、本気で趣味の一つとして取り組まれているようです。

結び

皆様、どうぞ一度、豪快な高田さんと、しとやかでやさしいさとみさんのたてるお茶を味わってください。ご夫婦仲よく、いつまでもすばらしいお茶のひとときを過ごされるよう、お祈りいたします。

おけいこごとで知り合った新郎新婦のなれそめ

ふたりが知り合った瞬間を目撃した証人として、そのとき感じた素直な気持ちを披露しましょう。

Step up

新郎をひやかす

新郎のキャラクターが引き立っているなら、話の途中に新郎をからかうひと言を入れても。ただし、その後で必ずフォローします。

新郎新婦共通

職場の同僚

同僚のスピーチ

社内結婚をする

明るく

1.5分

導入

「高梨健二君、睦美さん、本日はご結婚おめでとうございます。また、ご両家の皆様にも心よりお祝いを申し上げます。私はふたりと同じ株式会社リクルーションズの企画部で働く、佐藤省吾と申します。僭越《せんえつ》ながらひと言ごあいさつを申し上げます。

内容

　睦美さんは高梨君と僕よりも2年後輩になりますが、どちらかというと姉御《あねご》肌タイプで、僕たちふたりは先輩にもかかわらずよく叱咤激励されました。とくにのんびり屋でいわゆる「ボケ役」の高梨君は、毎日のように睦美さんのするどい「ツッコミ」を受けながら、けっこううれしそうでした。ふたりの漫才のようなやりとりは日常茶飯事になり、職場一同、それは仲のよい同僚だと思っていたのですが……まさか、ふたりがつきあっていたとは。驚きましたが、そこはお似合いのふたり。すぐに祝賀会が催されました。睦美さんは今後、マーケティング部に配属となりますが、気配り上手で正確な仕事ができる睦美さんのこと、そこでもご活躍されることでしょう。たまには企画部に顔を出して、以前のように僕たちを叱咤激励していただければと思います。

結び

　おふたりの幸せを祈って、お祝いの言葉といたします。」

新郎新婦の職場での活躍を伝える

　新郎新婦の同僚として、ふたりの仕事ぶりなどを話します。両親や友人たちが知らない職場でのふたりのやりとりを紹介できると、なおよいでしょう。

Step up

部署異動する新婦を気づかう

　社内結婚によって部署を異動する新婦について、「仕事のできる新婦」という印象を会場の人たちにもわかってもらえるように話します。同じ職場にとどまる場合も、今後の活躍を期待する言葉を添えます。

新郎側
おじ

親族のスピーチ

おいの少年時代を語る

格調高く

1.5分

導入

篤志、真理子さん、結婚おめでとう。

ただいま司会の方からご紹介をいただきました、新郎のおじ、秋山豊です。本日はたくさんの方にお集まりいただき、かつあたたかいご祝辞を頂《ちょう》戴《だい》しましたことを、親族を代表してあつく御礼申し上げます。

内容

篤志は男3兄弟の真ん中です。かくいう我が家も、男3兄弟。幼い男の子が6人も集まるとどうなるか、ご想像できるでしょう。毎年夏になると篤志たち3兄弟が我が家に避暑に訪れるわけですが、そりゃあもう、上を下への大騒ぎです。なかでもとりわけ篤志は暴れん坊でした。ある日、何かのヒーローのつもりで、ヘンな布切れをマント代わりにして平屋の屋根に上り、そこからまっさかさま。幸い植え込みに落ちてけがはたいしたことがなかったのですが、真っ青になってかけ寄った私に得意げに「かっこよかった？」と聞いてきたときには、思わず頭をはたいてしまいました。

結び

まあそんな無鉄砲な篤志も、社会の荒波にもまれて少しは大人になったのでしょうか。真理子さんというすばらしい女性と新しい家庭をつくると聞き、私も感慨ひとしおです。おじである私から皆様に、この夫婦へのよりいっそうのご指導をお願いして、ごあいさつとさせていただきます。

親族しか知らない新郎の少年時代を話す

少年時代の新郎のことを具体的なエピソードをまじえて語ります。新郎を叱りつけたことなど、当時の様子を思い浮かべながら、素直に話せば、おのずと参列者にその情景が伝わるでしょう。

Step up

参列者にお礼をする

謝辞とは別にスピーチを頼まれた場合でも、新郎の親族を代表して、参列者へのお礼のひと言を述べましょう。

新郎側
おば

親族のスピーチ

おいが子連れで再婚する

しみじみ

1.5分

導入

陸君、千秋さん、今日は本当におめでとうございます。ご出席の皆様にも、陸の親族の一人として、心からお礼を申し上げます。

内容

なぜ陸が私にスピーチを頼んだのか、それはやはり私から千秋さんへ何らかのメッセージを伝えてほしいとの思いがあるのでは、と思います。

と申しますのも、今回の結婚は千秋さんにとって、妻になると同時に、陸の一人娘である里奈の母親にもなるということで、かくいう私も40年前に同じ境遇にあったからです。当時6歳だった私の娘の恵子はいまの里奈と同じ年、私は二十歳でした。当初の私は娘に気をつかって、ほとんど怒るということをしませんでした。でもそれはちがうんですね。「この子に気に入られたい」と思って接するのはだめなんです。子どもはすぐに意図を感じ取りますから。それよりも、一対一の人間として向き合い、悪いときには真剣に怒るべきなんです。家族とは、仲がよく何の問題もないときばかりではありません。けんかをくり返し、葛藤《かっとう》を抱えながら互いに成長して、少しずつ理解しあって本物の家族になっていくのだと思います。

結び

もちろん、千秋さんと里奈が本物の親子になるために、陸の力は欠かせません。3人力を合わせて、すばらしい家族をつくり上げてくださいね。

子連れの場合は前向きなメッセージを贈る

親族が子連れで結婚する場合は、しめっぽい話や悪い例は出さずに、全体に前向きな内容にしましょう。

Step up

新婦に向かって伝える

ここまでは会場のほうを向いてスピーチをしますが、このひと言からは、新婦一人に対するメッセージになるため、体を新婦のほうに傾けて語りましょう。

体験談

参列していた子どもに語りかける

子連れの友人の披露宴で、「新しいお父さんができてよかったな」と、席にいた新婦のお子さんに語りかけている親族の方がいて、とても感激しました。（28歳女性　会社員）

新郎側

姉

親族のスピーチ

姉として弟を祝福する

明るく

1.5分

導入

幸太郎、若菜さん、結婚おめでとうございます。そして本日お越しの皆様、ならびにご祝辞をいただきました方に、心よりお礼を申し上げます。

内容

幸太郎は女ばかりのきょうだいで育ったせいか、小学生のころから女性に慣れていました。ただしそれは色っぽい話ではありません。ふつうなら女子と距離を置く思春期のころでも、幸太郎はいつも女子と気軽に話をしていました。つまり女子は「異性」というより「同士」という安心できる存在だったのでしょうね。幸太郎自身も、私たち姉妹の私生活を見ていて、早くから女性に幻滅するところがあったのでしょうか。色恋沙汰《ざた》の話はちっとも聞かないので、姉として少し心配していました。それがこんなにすてきな人を見つけて……。幸太郎に言わせると、若菜さんは私たちとちがって「やさしくて聡明できれい好き」なんだそうです。まったく、反面教師の姉を持ったことに感謝してもらいたいものです。

結び

末っ子で甘えん坊の幸太郎にとって、長女で世話好きの若菜さんはぴったりなのでしょうね。でも若菜さん、いつも甘い顔をしていてはだめですよ。ときにはビシッと叱ってください。幸太郎が困ったことをしたら、いつでも私たち姉妹がかけつけますからね！ それでは、お幸せに。

女きょうだいで育った弟を新婦に託す気持ちを伝える

女性どうしの気やすさで新婦にメッセージを贈るといいでしょう。文例では、女きょうだいで育ち、女性関係の話がまったくなかった弟が、すばらしい伴侶を得たことを祝福し、弟を託す気持ちを新婦に伝えています。

Step up

ジェスチャーをまじえる

ここは新婦に向かって、やや厳しい表情をつくって話します。「私たち姉妹が」のところで、ほかの姉妹を指したり、自分の胸をドンとたたくまねをしたりと、ジェスチャーをまじえるとよいでしょう。この後、自分たちが新婦の味方であることを述べて必ずフォローします。

新郎側
弟

親族のスピーチ

弟として兄を祝福する

しみじみ

1.5分

導入

正人兄さん、ゆかり姉さん、ご結婚おめでとうございます。さっそくですが、今日からゆかり姉さんと呼ばせていただきます。

内容

兄は長男で跡つぎということもあり、弟の僕から見ると、昔からやや甘やかされて育っているという印象でした。兄はいつもいい服を買ってもらっているのに、僕はつねにお下がり。食事もおやつも兄のほうが取り分が多く、僕はその7割、という具合です。

でもあるとき、兄が僕にぽつりとつぶやきました。「おまえは自由奔放でいいな」。そのとき、跡つぎという重責を、すべて兄が背負ってくれているんだということを実感しました。そのおかげで僕は好きな道に進むことができているのです。大人になって初めて、兄を尊敬し、心から感謝の念を覚えました。兄は強気な人間に見えますが、弱い部分もあります。そしてそれをよく理解して、フォローしてくれているのがゆかり姉さんです。これから兄は父の跡をつぐべく2年間の修業に入ります。心強い伴侶を得て、いっそうたくましくなる兄の背中を見て、僕もがんばろうと思います。

結び

兄貴、本当におめでとう。そしてありがとう。新しい一家の主《あるじ》として、幸せな家庭を築いてください。

長男である兄に弟から本音のメッセージを

兄弟だからこそふだんは言えない、本音のメッセージを語りましょう。うらやましいと思った気持ちや、男として尊敬しているという気持ちなどを素直な言葉で語ることで、参列者に思いが伝わります。

Step up

しんみりとした話し方で

しんみりした話はうつむきかげんで話してしまうかもしれませんが、この場合は、まっすぐ会場を見すえるよりも、目線がはずれているほうが、かえって情感が漂うものです。

新郎側
いとこ

親族のスピーチ

仲のよいいとこを祝福する

しみじみ

1.5分

導入

康則君、藍子さん、ご結婚おめでとうございます。今日はご友人と親族ばかりのカジュアルな披露宴ということで、ここからはいつもどおり「やっくん」と呼ばせてもらいます。

内容

やっくんとのいちばんのエピソードは、やはり僕の就職のことです。うちは昔から材木屋を営んでいるのですが、音楽の道を志して上京するつもりでいた僕に家をつぐ気はなく、高校を卒業したときに親父と激しいけんかをしました。そのとき、一足先に東京で就職をしていたやっくんは、うちの母親からの電話で、すぐに故郷に帰ってきてくれたのです。それから一晩、うちの親父を説得してくれました。そして「東京で悪さをしないよう、俺がしっかり見張ります」「1年たって成長していなかったら、首根っこをつかまえて必ず実家に連れ戻しにきます」と、土下座までしてくれたのです。俺はこのときのことを思い出すたびに、身が引きしまります。来月のデビューが決まったのも、すべてやっくんの応援のおかげです。

結び

やっくん、いままで本当にありがとう。恩返しといってはなんですが、今日はバンドのメンバーを連れてきたので、お祝いに1曲歌わせてください。おふたりのために歌います！　おめでとう！

親族ならではの思い出を感謝を込めて語る

進学や就職などの問題に、親族として世話をしてもらった思い出などがあれば、ぜひ紹介したいものです。新郎の男らしい誠実な人柄などを感謝の気持ちを込めて伝えましょう。

Step up

言いまちがえても落ち着いて続ける

通常のスピーチでは「僕」「私」という言葉を使いますが、感極まっているときには「俺」と言ってしまうこともあります。聞いているほうも心情を理解してくれているので、「まちがった」とあわてず、落ち着いてスピーチを続けましょう。

新婦側
おじ

親族のスピーチ

めいのやさしさについて語る

しみじみ

1.5分

導入

ただいまご紹介にあずかりました、新婦の母の長兄にあたります澤藤啓一と申します。本日はふたりのために大勢の方にお集まりいただき本当にありがとうございます。親族を代表し、ひと言ごあいさつを申し上げます。

内容

これは「おじバカ」と申すのでしょうか、めいの留美は本当に心のやさしい子です。皆様もご記憶にありますでしょうが、忘れもしない平成7年1月17日、兵庫県西宮市にある我が家は、あの恐ろしい震災に見舞われました。幸い倒壊はまぬがれましたが、家の中はひどいありさまで、私たち夫婦はしばらく呆然として、行き場のない喪失感に打ちひしがれていました。そこへかけ込んできたのが留美です。「おじさん、おばさん、大丈夫!?」という、あのときの留美の第一声は忘れられません。留美は母親から私たちの状況を聞き、下宿先の大阪から何時間もかけて歩いてきてくれたのです。「いつもお世話になっているおじさんたちだから、いても立ってもいられなくなって」という留美の言葉に、私は何度も涙しました。

結び

私たち夫婦には子どもがおりませんが、留美のことを娘のように思っています。本当に心のやさしい、情のあつい子です。裕司さんとすばらしい家庭をつくって幸せになってくれることを願っています。お幸せに。

娘のようにかわいがっているめいのやさしさを伝える

震災の被害にあった自分たちを、遠方から歩いて見舞いにきてくれたやさしいめいのエピソードです。こんなにやさしい子だから、必ず幸せになってほしいとの願いを込めて結びましょう。

Step up

照れ隠しの言葉を入れる

主役とはいえ、他人の前で身内を絶賛するのは、少々気はずかしいものです。ちょっとした照れ隠しの言葉を入れるとよいでしょう。

新婦側
おば

親族のスピーチ

身内だけの披露宴で

格調高く

1.5分

導入

良介さん、奈々子ちゃん、ご結婚おめでとうございます。また、良介さんのご親族にいたっては、遠路、福岡から大勢お運びいただき、誠に恐縮しております。

内容

実は奈々子ちゃんは、私の命の恩人なのです。そのお話をさせてください。奈々子ちゃんが高校生くらいのとき、買い物をしにいっしょに歩いていたのですが、奈々子ちゃんが急に私の手を引っぱるのです。何かしらと思ったら、私のすぐ近くを車が通りすぎていきました。「おばちゃん、大丈夫？」とたずねる奈々子ちゃんのホッとした顔を、いまもはっきり覚えています。あのときは、本当にありがとうね、奈々子ちゃん。そんなやさしくて、しっかり者の奈々子ちゃんなら、どんなことがあっても、家庭を守ってくれることと信じています。

結び

若いふたりは今後も大阪で暮らすとのこと。遠方にいらっしゃる良介さんのご家族やご親族のお気持ちを大切にして、私もふくめ近くにいる者が、できるかぎりのお世話をできればと思っております。

親族が増えることは、私たちにとってもたいへん喜ばしいことです。皆様、今後とも何とぞよろしくお願い申し上げます。

親族中心の披露宴では礼儀正しくていねいに語る

参列者のほとんどが身内の場合でも、相手の親族のことを考えて、きちんとしたスピーチをしましょう。今後の親族間の交流のためにも、ていねいなあいさつを心がけます。

Step up

遠来者をねぎらう

相手の親族が遠方から来た場合は、ひと言ねぎらいの言葉を添えると印象がよくなります。「遠路をお越しいただき」などもよいでしょう。

また、結婚して本人たちが遠方に住む場合、できるだけ安心してもらえるような言葉を添えます。

新婦側

兄

親族のスピーチ
妹と友人が結婚する

明るく

1.5分

導入

泰平、明美、結婚おめでとう。

ふたりの結婚式でスピーチをするなんて……本当に不思議な気分です。泰平は高校のころからの友人で、しょっちゅう家に遊びに来ていました。でもそのころ明美は小学生。当時はもちろん、恋愛感情なんてあるはずもありません。

内容

ところが大学生になって久しぶりに家に来た泰平が「明美ちゃん、かわいくなったな」なんて言うんです。そのときは冗談だと思っていたのですが、どうやらほどなくして僕に内緒で交際を始めたようです。ある日帰宅すると、なぜか泰平と妹が並んでうちの親と話をしているので、びっくりしました。両親もふたりの真剣交際を打ち明けられて驚いたようですが、もとから泰平を気に入っていたこともあり、すんなりと受け入れられたようです。一人おもしろくないのは僕です。親父にまで「おまえ知らなかったのか？」と言われて、がっくりしました。

結び

まあでも、ふたりが8年越しの恋を実らせたことは、素直にすごいと思います。いまは、大切なふたりの門出を心から喜んでいます。でも一つだけ頼む、泰平。俺を「兄さん」と呼ぶのだけはやめてくれ！

親族と友人が結婚するなら双方を祝福する内容に

仲のいい友人と親族が結婚をした場合は、友人として、身内としてふたりを祝福します。身内だからこそ知っているふたりのなれそめを語ったり、複雑な気持ちをそのまま伝えたりするのもよいでしょう。

Step up

最後にウケを狙う

いい結びの言葉で終わったな、と思わせておいて、ここで一拍おいてから「最後に一つだけ」と切り出しましょう。笑いでしめるのもありです。

新婦側
妹

親族のスピーチ

妹として姉を祝福する

しみじみ

1.5分

導入

敦子姉さん、信孝兄さん、ご結婚おめでとうございます。

内容

姉は昔から頭もよく、皆の人気者で、思春期のころは相当やきもちを焼きました。いまでは笑い話ですが、「どうして私も同じように産んでくれなかったの」と、母を責めたこともあります。妹の私に対してもやさしく世話を焼いてくれて、まわりから見ても、仲のよい姉妹だったと思います。

でもいまだから言えるのですが、5年ほど前に、姉と大げんかをしたことがありました。私が育児のたいへんさから、つい愚痴をこぼしたのがきっかけなのですが、そのとき姉に「結婚できてるんだから充分じゃない！」と怒鳴られたのを覚えています。若くして結婚し育児に追われていた私から見れば、精力的に働く姉はうらやましいかぎりでしたが、姉は姉で、妹に結婚で先を越されたことに、少しショックを受けていたようなのです。

昨夜、姉とそのときの話をして、ふたりで大笑いしました。そうやって笑い飛ばせる日が来たことを、本当にうれしく思います。社会人になって以来、責任感が増して完璧主義になった感のある姉ですが、信孝兄さんの隣にいると、昔のようにやさしい世話焼きの姉に戻る気がします。

結び

大好きな敦子姉さん、本当に本当に、おめでとう。

妹として正直な気持ちを祝福のメッセージに込める

姉妹の絆がわかるようなスピーチを心がけます。文例では、いまだから話せるけんかをしたときのエピソードをまじえて、姉妹の愛情を伝えています。

Step up

深刻さを引きずらないように

大げんかをしたエピソードの後は、気まずさを引きずらないよう、明るい話をします。表情も笑顔に変えて、会場をほっとさせましょう。

体験談

晩婚の兄を心配する家族の気持ちを話す

42歳で結婚した兄。正直、家族のだれもが〈兄さん、もう結婚できないかも…〉と思っていました。そのことを正直に話すと大爆笑に。

（35歳女性　主婦）

新婦側

いとこ

親族のスピーチ

身内の授かり婚を祝う

明るく

1.5分

導入

黒崎さん、奈美ちゃん、ご結婚おめでとうございます。そして来年には新しい命が誕生するとのこと、喜び尽くしですね。本当におめでとう。

内容

奈美ちゃんは、来年にはママになるのですね。いまでは「おめでた婚」や「授かり婚」といって喜ばれることが多いそうですが、かくいう私も「おめでた婚」で、一児の母になりました。奈美ちゃんは仕事一筋のキャリアウーマンだと思っていたのですが、2年前に私が娘を産んでからは、とにかく「子どもがほしい」と言っていました。うちに来る回数も多くなり、いつも娘とにぎやかに遊んでいます。「自分がこんなに子ども好きだとは思わなかった」と言っているくらい子どもをかわいがってくれています。そんな姿を見ていたので、奈美ちゃんがお母さんになると聞いて私もとてもうれしかったんです。でもね、奈美ちゃん。子育ては楽しいことばかりじゃありませんよ。おむつ替えやら離乳食やら、24時間365日待ったなしです。いまのうちに体力を温存しておいてね。だけどたいへんなぶん、自分の子どもは、ほかのだれよりもかわいいですよ。

結び

おじさま、おばさまも本当におめでとうございます。新しい家族の門出を祝って、ごあいさつとさせていただきます。

結婚と子どもの誕生をいとこの立場で祝福する

「授かり婚」をした新婦は、子どもの誕生を喜ぶ内容にして祝福します。妊娠が周知の事実の場合や、スピーチの前に司会者や本人の言葉で伝えられている場合以外は、避けたほうが無難です。

Step up

公表は必ず事前に確認

新婦の妊娠は本人たちが公表されたくない場合もあるので、事前に必ず確認します。また「授かり婚」を悪いイメージでとらえるのではなく、「喜びが重なった」というプラスイメージの言葉で表現します。気やすいようなら「ダブルでおめでたですね」と言ってもよいでしょう。

Chapter 3

両親・親族の謝辞

両親・親族の謝辞とは

参列者へのお礼が目的の宴をしめくくるスピーチ

披露宴をしめくくるのは、新郎新婦の両親（親族）による謝辞です。これは、新郎新婦を祝うための来賓のスピーチとはちがい、参列者へのお礼をいちばんに考えます。

披露宴に参席してくれたことに対するお礼はもちろんですが、祝辞や余興へのお礼、新郎新婦がお世話になっている日ごろのお礼も述べるとよいでしょう。息子や娘の自慢話はひかえて、謙虚な姿勢で感謝の気持ちを伝えることが大切です。

また「新しい家族をこれからもよろしく」などと支援のお願いをするのも親の役割です。

親としての心情や子どものころの思い出を語る

謝辞は新郎の父親だけがする例が一般的でした。しかし最近はそれに続いて新婦の父親からのひと言や、新郎新婦からの謝辞などが入るさまざまなケースが見受けられます。身内の披露宴の場合は、親族の年配者が代表することもあります。

両親があいさつする場合は、親としての現在の心境や、新郎新婦の幼少期のエピソードなどを添えると喜ばれるでしょう。

両家を代表して一方の一人だけがあいさつをする場合は、相手側への配慮を忘れないよう、新郎新婦を対等に扱って謝辞を述べます。

両親・親族の謝辞 準備のポイント

- □ 参列者へのお礼をいちばんに考えているか
- □ 相手側の両親や親族に配慮しているか
- □ 自分や子ども、一族の自慢話になっていないか
- □ 一部の参列者だけでなく、全員に目配りしたスピーチになっているか
- □ 主賓の氏名、会社名をまちがっていないか
- □ メモやめがねなど必要なものを準備したか

両親・親族の謝辞 書き込み式フォーマット

※新郎の父親の例

導入 自己紹介・お礼

（新郎の父の氏名）例 吉岡敦史

ただいまご紹介にあずかりました、新郎の父、　　　　　　　　でございます。

（新郎の名字）例 吉岡　　（新婦の名字）例 高森

　　　　　　　、　　　　　　　両家を代表いたしまして

ひと言ごあいさつを申し上げます。

（参列・祝辞へのお礼）

本日はお忙しいなか、両名の結婚披露宴にお越しいただき
誠にありがとうございます。
また、身に余るご祝辞や励ましのお言葉をいただき、心から感謝しております。

内容 結婚の感想

（新郎の名）

　　　　　　　は

（新郎新婦を送り出す親としての現在の心境や、幼少期のエピソードなどを紹介）

例 敦史は社会人になって以来とんと実家に帰らず、どうしているのかと案じておりましたら、このたびの朗報。驚きましたが、親としてうれしくないはずはありません。さっそく……（中略）

（相手側にもひと言ふれる）

例 敦史が奈津美さんのような美しく聡明なお嬢様と結ばれることになり、夫婦ともにたいへん喜んでおります。

結び 支援のお願い・お礼

本日、ふたりは晴れて新生活のスタートラインに立ちました。

（今後の支援のお願い、参列者への気づかい・お礼の言葉）

皆様方には、今後とも変わらぬご支援・ご指導を賜りますよう
両名になり代わりましてお願いを申し上げます。
結びに、皆様のいっそうのご健勝とご多幸をお祈りいたします。
本日は、どうもありがとうございました。

新郎側
父

両親・親族の謝辞 基本文例

しみじみ

3分

参列者の多いオーソドックスな披露宴では参列していただいた方々へのお礼を中心にスピーチします。新郎側、新婦側、どちらの代表であっても相手側に対する配慮を忘れないようにしましょう。118ページからは3分以内に話せるよう1.5分の文例を紹介しています。

導入

ただいまご紹介にあずかりました、新郎の父、**花田忠彦**でございます。僭越《せんえつ》ではございますが、**花田・滝井**、両家を代表いたしまして、**ひと言**ごあいさつを申し上げます。

本日はお忙しいなか、両名の結婚披露宴にお越しいただき、誠にありがとうございます。また、両名のために身に余るご祝辞や励ましのお言葉をいただき、親族一同、**心から**感謝しております。

①とりわけ、主賓の山中様、ご友人の吉原様、向井様には、この場をお借りして**深く**お礼を申し上げます。

内容

社会に出てすぐに一人暮らしを始めた**龍太郎**は、たまに家に帰ってきてもあまり近況を話すことはなく、会社にうまくなじんでいるのだろうか、結婚はまだ先だろうか、と内心気をもんでおりました。

導入
自己紹介・謝辞

自己紹介の後、臨席へのお礼、祝辞へのお礼を述べます。順序は問いません。お礼のときには、新郎新婦、両家の両親もそろって頭を下げます。

Point 1
祝辞をいただいた人を見てあいさつ

個別にあいさつをするときには、必ずその人のほうを見て、頭を下げましょう。

太字▼強調

ところがこのたび、②**鈴子さん**のような**すてき**なお嬢様をお迎えすることになり、夫婦ともに**たいへん**喜んでおります。無口でやや偏屈なところのある龍太郎を、気だてのいい鈴子さんが**しっかりと**支えてくださると思うと、親としても安心です。

　また、先ほどからご祝辞を拝聴しておりますと、龍太郎は**すばらしい**上司の方やご友人に恵まれていることがわかり、親としては**本当に**ありがたく存じます。

結び

　両名とも本日より**新しい人生**に向かって旅立ちますが、なにぶんにもまだ世間知らずの未熟者でございます。皆様方には、**今後とも**変わらぬご支援・ご指導を賜りますよう、両名になり代わりましてお願い申し上げ、ごあいさつとさせていただきます。

　結びに、皆様のよりいっそうのご健勝とご多幸をお祈りいたします。

　③本日は、どうもありがとうございました。

内容

結婚の感想など

子どもが結婚することのうれしさや、参列者への感謝など、親としての心情を率直に話します。

Point 2

相手の呼び方

ここでは「さん」づけですが、本来は式により身内になったため、呼び捨てにするのが望ましいでしょう。

結び

支援のお願い

今後の支援・指導のお願いや、参列者の幸福を祈る言葉で結びます。

Point 3

お礼の後に深くおじぎを

お礼は2~3秒頭を下げた姿勢を保ち、参列者への深い感謝を示します。

新郎側
父

両親・親族の謝辞

親族中心の披露宴の場合

しみじみ

1.5分

導入

松本家、矢谷家、両家の親族を代表し、僭越《せんえつ》ながら新郎の父親である私、松本俊介がひと言お礼のごあいさつをさせていただきます。

本日はお忙しいなか、ふたりのためにお集まりいただき、誠にありがとうございます。とくに矢谷家のご親族の皆様には、遠路をお越しいただき、恐縮に存じます。

内容

最近は友人中心の結婚パーティーが多いと聞きおよんでおりましたが、ここにいるふたりは、当初より親族中心の披露宴を希望しておりました。私には兄弟が8人おりまして、いずれも親戚づきあいが深く、浩も幼いころから皆にかわいがられておりました。聞けば舞子さんも同じく、あたたかい親族づきあいのなかでお育ちになったとのこと。そういう環境にいたふたりだからこそ、大切な結婚披露はまず親族に立ち会ってもらいたい、と強い希望があったようです。義理堅い新郎新婦だと、親として少し誇りを持っております。

結び

松本家、矢谷家ともに、本日から家族が増えます。どうぞこれを機会に、あたたかい親族の輪が広がることを願って、私の結びの言葉といたします。

本日はありがとうございました。

参列者が親族中心でもくだけすぎない

内輪ウケになる話題は避け、相手の親族を気づかうのがマナーです。親しみやすいながらも、ていねいなスピーチを心がけましょう。

Step up

今後のおつきあいを願う

初めて会う相手の親族に対しても〈これを機に今後もよろしく〉などあいさつをします。自分の親族と相手の親族を交互に見やって話すとよいでしょう。

体験談

親族と友人の二部制のパーティーをする

親族だけの小規模な挙式と披露宴をして、その後職場の人や友人だけの披露パーティーをしました。お互いに気をつかわずに済んでよかったようです。（29歳男性　営業）

新郎側 父

両親・親族の謝辞

新郎が家業をつぐ

格調高く

1.5分

導入

本日は、栗山瑛士、菜々子、両名の結婚披露宴にご列席をいただき、誠にありがとうございました。両家を代表いたしまして、ひと言お礼のごあいさつを申し上げます。

内容

新郎は社会人になって10年になりますが、その間、田島重工様にたいへんお世話になりました。このたびの結婚を機に、新郎は退職し、私が父の代より受けつぎました栗山工務店を背負います。田島重工様には私どもの勝手でご迷惑をおかけし、誠に申し訳ございませんが、新郎が一日も早く立派な経営者になることが、何よりの恩返しになると思っております。田島重工様で培った貴重な経験、そして上司や同僚の方より学んだ知識を存分に生かして、立派な跡つぎになってもらいたいと思います。

プライベートに関しては、菜々子さんというすばらしい伴侶を得られたことで、親としては本当に安心しております。ただし、社長としてはまだ未熟。私もしばらくは目を光らせております。

結び

なにぶん若いふたりです。どうぞ皆様には、これまで以上のお力添えを賜りますよう、両名になり代わって、お願いを申し上げます。

本日は誠にありがとうございました。

子が家業をつぐなら関係者に感謝の気持ちを

結婚を機に新郎が家業をつぐ場合は、退職先の関係者も披露宴に参列していることでしょう。今までお世話になったお礼を述べ、今後も変わらぬ支援をお願いして、結びの言葉にします。

Step up

新婦についてもひと言

自分の家業や跡つぎの話に終始するのではなく、さりげなく新婦についてもふれて、相手の両親や親族に対しての配慮を示しましょう。

新郎側 父

両親・親族の謝辞

新婦が年上

明るく

1.5分

導入

本日はご多用のところ、赤城孝之、萌の披露宴にお越しいただき、誠にありがとうございます。両家を代表いたしまして、ひと言ごあいさつを申し上げます。

内容

父親の私が言うのもなんですが、孝之は奔放な性格をしております。このたびの結婚報告も、独特なものでした。ある日突然「給料日だからおごるよ。新宿のイタリアンを予約したから」と言うのです。急なことだといぶかしく思っておりましたら、予約席に美しいお嬢さんがすわっております。聞くと「おつきあいをしていて、年内にも結婚したい」と。私たち夫婦は仰天です。萌さんのほうが恐縮して「突然のことで申し訳ありません」と謝っているのに、孝之はどこ吹く風。まったくこんな風変わりな息子に、なぜこんなにいいお嬢さんが……と、いまだに首をかしげるしだいです。

結び

しかしそんな孝之を、姉さん女房の萌さんがしっかりと受け止めるのを見て、お似合いの夫婦なのだなと実感しております。孝之もいざとなれば馬力を出す男ですので、萌さんのご両親も、そこはご安心ください。

皆様には、ここにいるふたりをどうか末永く見守っていただきたく存じます。本日はどうもありがとうございました。

息子の性格を話して新婦に感謝する

新婦が年上の場合でも、とくにそれに言及する必要はありません。新郎の突飛な結婚報告に驚いたことなど、性格がよくわかるエピソードを話し、会場を沸かせましょう。そして風変わりな息子を受け止めてくれる新婦に感謝の意を伝えます。

Step up

新郎のフォローも入れる

新郎の悪口ばかりでは、相手側の両親や親族が不安にかられます。新郎の長所をさりげなく入れて、相手の両親を見ながら「ご安心ください」と添えましょう。

新郎側 父

新郎新婦が職場結婚をする

格調高く

1.5分

導入

憲一の父、川村源一郎でございます。本日はお忙しいなか、ご来臨いただき、誠にありがとうございます。

先ほど菅谷神宮におきまして、憲一と千鶴子の婚儀が無事にとりおこなわれました。とどこおりなく進行いたしましたことを、この場をお借りしてあつくお礼を申し上げます。

内容

本日、神田商事営業部の皆様のありがたいご祝辞をうかがうにつけ、新郎新婦ともに本当にすばらしい諸先輩、同僚の皆様に恵まれているのだなと実感いたしました。また、そのなかで深めていったふたりの交際を、まわりの方があたたかく見守ってくださっていたことに、親として心から感謝いたします。今日という日は、なるべく業務に差し障りのないようにと、ふたりが苦心してスケジュールを立てておりましたが、諸般の事情でこちらにお越しになれない職場の方にも、お礼を申し上げたいしだいです。

結び

結婚によって互いに強力な地盤を得たふたりは、仕事にもいっそう身が入ることでしょう。今後は公私にわたりご鞭撻《べんたつ》くださいますよう、お願いを申し上げます。結びに、皆様と会社のいっそうのご繁栄をお祈りして、ごあいさつといたします。本日はありがとうございました。

来賓者に会社関係者が多い場合のあいさつ

新郎新婦が同じ職場で、参列者に会社関係者が多い場合は、日ごろのお礼をかねてごあいさつをしましょう。最後に、業界や職場の発展を願う言葉を添えます。

Step up

職場結婚をプラスイメージに

新郎新婦が結婚後も同じ職場で働く場合は、公私混同を懸念する人もいるでしょう。「結婚によってさらに仕事に身が入る」と言って、職場結婚がプラスイメージになるようフォローしましょう。

新郎側
父

両親・親族の謝辞

新郎新婦が海外で挙式する

明るく

1.5分

導入

新郎の父・乾公彦です。国外ということでなにかと不安もありましたが、本日無事に式を挙げることができました。

ご列席の皆様には、お忙しいなかふたりのために休暇を取っていただき、本当にありがとうございました。

内容

私たちの時代には海外挙式など考えもつかず、最初、愚息からその案を聞かされたときは「派手ならいいってもんじゃない」と突っぱねました。しかしよく聞くと、いまではハネムーンもかねられるということで、ハワイでの挙式のほうがリーズナブルな場合もあるそうですね。案外しっかりしているな、と感心しました。ご列席の皆様には申し訳ない気持ちでいっぱいでしたが、本日、美しい景色を見ながら笑顔で会食されている皆様を見ていると、お忙しい毎日のなか、少しでもご休息いただけたかな、と身勝手にも独りごちております。

結び

新郎新婦はこのまま1週間、休暇を楽しむ予定です。皆様にはご迷惑をおかけいたしますが、その分英気を養って、帰国後はしっかりと働くことでしょう。皆様には今後もよりいっそうの叱咤激励をお願いしたいと存じます。本日は誠にありがとうございました。

海外までご足労いただいた参列者をねぎらう

海外で挙式する場合は、家族やごく親しい同僚、友人だけを招待するようです。自費で参列する人もいるので、きちんと謝意を表しましょう。

Step up

景色のほうへ手を向けて

「美しい景色を」のところでは、青い空やきれいな海へ手を向けながらスピーチしましょう。最初は海外挙式に反対だったけれど、いまでは喜んでいるということを、新郎新婦や参列者に伝えます。

新郎側 父

両親・親族の謝辞

遠方から新婦を迎える

格調高く

1.5分

導入

ただいまご紹介にあずかりました、新郎の父、織田一成と申します。本日はご多忙の折、ご臨席を賜り、誠にありがとうございます。

内容

新郎新婦は、東京の大学で出会い、交際をスタートさせ、卒業後は札幌と千葉の遠距離で愛を育《はぐく》んでまいりました。この2年間はお互いに仕事が忙しく、満足に会うこともできなかったようです。しかし、それを乗り越えられたのは新婦の涼子さんの明るさと絆の強さゆえだと感謝しております。幾度もの苦難をへて、本日このよき日を迎えることができました。ふたりの新しい生活は、札幌でのスタートとなります。

このたびの結婚では、涼子さんのご両親にも、大きなご理解とご協力をいただきました。この場を借りて、心よりお礼申し上げます。涼子さんの札幌での生活に不安もおありでしょうが、新郎はもちろん私たち夫婦も、涼子さんを娘同様にいとおしんでまいりますことをお約束いたします。どうぞご安心ください。

結び

これからふたりは新しい環境で生活していくことになります。皆様もお近くにお立ちよりの際はぜひお越しください。

本日はありがとうございました。

遠方から新婦を迎える感謝の心を伝える

住み慣れた場所を離れて新しい土地で生活を始める新婦へ、感謝を伝えましょう。とくに親族中心の披露宴では、これから全面的にサポートしていくという意志を語ると、参列者も祝福の気持ちが強まります。

Step up

相手の両親におじぎ

こちらの家庭の事情を理解してくれた相手側に対して、深くお礼をしましょう。そうすることで、相手側の親族も安心してくれるでしょう。

新郎側

母

両親・親族の謝辞

故郷から独り立ちした新郎

格調高く

1.5分

東京で独り立ちした息子を支援してくれた感謝を述べる

若くして地方から上京した息子を支えてくれた人々に、長年の感謝の気持ちを伝えます。今後も親元を離れて暮らす息子夫婦をどうぞよろしく、とお願いして結びましょう。

導入

新郎の母の須藤啓子でございます。このたびは、直治・葵のために大勢お集まりいただき、感謝の念にたえません。本当に皆様、ありがとうございます。

内容

直治は高校卒業後すぐに上京しましたが、後先も考えず家を飛び出したため、お金もなく、新宿をさまよっていたと、後から人づてに聞かされました。それでも意地だけは一人前で、当時は決して私ども親を頼りませんでした。その分、こちらにいらっしゃる皆様に、どれほどのご迷惑をおかけしたことか。本当に頭が下がる思いです。

私は直治にご飯を作り、学校に行かせた母親ではありますが、「新宿の迷い子」だった直治が所帯を持てるまでになったのは、ここにいらっしゃる皆様のおかげです。本来であれば、お一人ごとにお礼を申し上げるところではございますが、この場をお借りして、長年のお礼を申し上げます。

結び

無鉄砲だった直治も、人並みに一家の主《あるじ》となります。葵さんという気だてのよいすてきなお嬢さんとともに、よい家庭を築いていくことでしょう。今後とも変わらぬご支援を賜りますよう、心よりお願いを申し上げて、ごあいさつといたします。本日は本当にありがとうございました。

Step up

オリジナルの言葉を使って

「夜の街でふらふらしていた」と前述と同じ言葉を続けるよりも、「新宿の迷い子」とキャッチコピーのようなオリジナルのフレーズを使うほうが、聞いた人の耳に残り、印象深くなります。

新郎側
母

両親・親族の謝辞

両家で親が一人だけ

しみじみ

1.5分

導入

本日は肌寒い梅雨空のなか、新郎・雅彦と、新婦・渚の結婚披露宴にお越しいただき、誠にありがとうございます。両家を代表いたしまして、新郎の母である私より、ひと言ごあいさつを申し上げます。

内容

さて、ご列席の皆様には申し訳ございませんが、ここにまっ先に、今日のよき日を迎えられたことを報告したい人がいます。新婦・渚さんのご両親と、新郎・雅彦の父親です。3人はいま、空からこの会場を見下ろしているでしょう。本日の雨は、3人のうれし涙であると、私は確信しております。

新郎新婦が人より苦労したなどと言うつもりはありません。ただ、親ばかを許していただけるならば、ふたりともよくがんばったと申し上げさせてください。そして双方の両親のなかでただ一人、ふたりの結婚をこの目で見られた私は、とても幸福であると深く感謝しております。

結び

夫亡きあと、「男勝り」と言われながら雅彦を育ててまいりました。私もまだまだ現役です。これからは雅彦だけでなく、渚さんの母親・父親代わりとして末永くふたりを見守っていく所存です。どうぞ皆様のお力添えのほどを、よろしくお願い申し上げます。ありがとうございました。

新郎の父親、新婦の両親がいない場合のスピーチ

親が3人いないとはいえ、悲壮感が漂うスピーチは禁物です。新郎新婦をねぎらい、最後はなるべく明るく結びましょう。

Step up

雨を喜ぶ言葉

式当日に雨が降った場合は、あまり天候にふれないのが鉄則です。しかし「恵みの雨」などと、プラスのイメージなら使ってもよいでしょう。

体験談

雨にまつわる格言を披露

披露宴は雨でしたが、父の「雨降って地固まると申すように、夫婦の固い契りを象徴しております」という言葉に会場がうなずいていました。

（30歳女性　アパレル）

新郎側
母

両親・親族の謝辞

新郎の父親が他界している

しみじみ

1.5分

導入

ただいまご紹介いただきました、新郎の母・澤藤茂子でございます。本来、こういう席では父親がごあいさつすべきところではございますが、あいにくすでに他界しておりますため、不肖私が務めさせていただきます。

本日はこのように大勢の皆様に祝福をしていただき、本当にありがとうございます。天国の夫もさぞや喜んでいるでしょう。

内容

充彦にとっての父親は7歳までの記憶しかありません。忘れもしない、夫が亡くなった年のクリスマス、私は毎年夫がやっていたとおりに、サンタのふりをして枕元にプレゼントを置きました。しかし翌朝起きた充彦には、何もかもわかっていたのでしょう。いつものようにはしゃいだりはせず、黙りこくって朝食を食べていました。かえって悪いことをしたかと後悔しておりましたら、翌朝私の枕元に「ありがとう」と書いたカードが置いてありました。いまも大切に取ってあります。この20年、つらいことがあったときは、いつもそれをそっと出して励みにしてまいりました。

結び

なんだかしんみりした話で申し訳ありません。充彦が立派になり、希さんというすばらしい方といっしょになることを本当にうれしく思います。今後もあたたかく見守ってやってください。ありがとうございました。

母子家庭だった新郎の幼少時代の思い出を語る

新郎の父親、もしくは母親が他界している場合は、存命の親か、新婦の父が謝辞をするのが一般的です。暗い話はタブーですが、あたたかい思い出なら、参列者の共感を得られるでしょう。

Step up

新郎も知らない話を語る

家族だからこそ言わなかった秘密の話を、この場を借りて打ち明けると、新郎も驚くでしょう。エピソードに出てくる手紙やカードなどを携えて、実際に会場の参列者に見せてもよいでしょう。

新婦側 父

両親・親族の謝辞

新郎の父親が他界している

しみじみ

1.5分

導入

皆様、本日は新郎・隼人、新婦・あかりの結婚披露宴にお越しいただき、誠にありがとうございます。両家の親族を代表いたしまして、新婦の父である私からひと言、お礼を申し上げます。

内容

本来であれば、こちらにいっしょに並び、ともに今日のよき日を祝福するはずの新郎の父・清彦さんは、5年前に突然の事故で他界されました。当時学生だった新郎は、その日以来、家族の絆について考えさせられたそうです。くしくも私も学生時代に父親を病気で亡くしておりましたので、隼人君とは共通点があるせいか、初対面から意気投合いたしました。ふたりでお酒を飲むと、つい父親の話になって、ときには男泣きしてしまいます。飲むたびに、まるで本物の親子になっていくように思うのは、私の一人合点でしょうか。この先も隼人君を本当の息子のように思って、見守っていきたいと思っております。皆様、どうか今後もご支援をお願いいたします。

結び

結びになりましたが、皆様のご健康とご繁栄をお祈り申し上げて、両家のあいさつとさせていただきます。

本日は誠にありがとうございました。

父を亡くした新郎を気づかって話す

新郎の父親が亡くなっている場合は、それにふれて、新郎を気づかいます。自分も新郎と同じように父親を亡くしていたなら、ふだんから新郎を本物の息子のように思っている心情などを明かします。ひと言ずつ気をつけて、気持ちを込めて静かに語りましょう。

Step up

声を少し明るくして

ややしんみりとした内容になったときは、結びの言葉の前に一呼吸置きましょう。そして声を明るめにして、話を続けます。

新婦側
父

両親・親族の謝辞

新婦が子連れで再婚する

しみじみ

1.5分

導入

本日はご多用のところ、義之、志保の人前結婚式にお越しいただき、誠にありがとうございます。志保の父親である私より、皆様のあたたかい祝福に心から感謝を申し上げます。

内容

皆様ご存じのとおり、このたびの結婚は、志保にとっては10歳になる和樹を連れての再婚となります。そのため、いわゆる盛大な式をとりおこなわず、本当にお世話になっている方の前で、ささやかな式をおこないたいとのふたりの希望でした。そうはいっても志保はともかく、義之君にとっては一生の大切な晴れ舞台で、ご当人はもちろんのこと、ご家族、ご親族の方に申し訳ないと、昨日まで家内と言い合っておりました。しかし、ふたを開けてみれば、皆様のあたたかいご祝辞に包まれ、すばらしい式になったと喜んでおります。皆様、本当にありがとうございます。

結び

女手一つでがんばってきた志保を、長年ご支援くださった皆様に、この場を借りてお礼申し上げます。また、そんな志保を理解し、和樹を自然に受け入れてくださった義之君、そしてご両親、ご親族の皆様にも、心から感謝をしております。皆様どうかこれからも、この家族を見守り、応援してやってください。本日はありがとうございました。

子連れの新婦への応援に感謝を述べる

再婚の場合は、大規模な披露宴よりも、親族中心の披露宴や親しい人だけを集めた人前式で、ささやかに済ませる場合が多いようです。相手の親族の理解に対し、この場を借りて感謝の気持ちを伝えましょう。

Step up

さりげなく子どもの紹介も

主役は新郎新婦とはいえ、新婦の子どもを相手側の親族や友人に紹介できる、またとない場です。子どものほうに手をやりながら、さりげなく紹介しましょう。

新婦側 父

両親・親族の謝辞

新郎新婦が晩婚

明るく

1.5分

導入

ただいまご紹介にあずかりました、新婦の父、稲田正雄でございます。

本日は新郎新婦のために、かくも大勢の方に足をお運びいただき、私をはじめ親族一同、感激をしております。本当にありがとうございます。

内容

私たち夫婦は今日という日を、いつ来るだろうかと待ち望んでおりました。昭子はまじめだけが取り柄で、浮いた話一つ聞こえてこなくて、正直言って私たちも少しあきらめかけておりました。そこへこのたびの吉報です。いまになって思えば、ふたりともそれなりの人生経験を積んだうえでの結婚がよかったのではないかと思われます。「機が熟す」と申しますが、まさにいまが、ふたりにとっての「機」なのでしょう。若さにかまけて大げんかするということもなく、おだやかな海原に静かにこぎ出でていくような気がいたします。

結び

とはいっても、ふたりとも結婚生活は未体験のこと。それなりの困難も出てくるでしょう。そういう意味ではまだ未熟なふたりです。どうぞ皆様、これからも末永くおつきあいいただき、ご指導ご鞭撻《べんたつ》のほどをお願い申し上げて、私からのごあいさつとさせていただきます。

本日は本当にありがとうございました。

晩婚を揶揄《やゆ》しつつ最後はフォローする

新郎新婦が40代以降で初めての結婚をした場合のスピーチは、晩婚をひやかしつつも「機が熟した」などの言葉でしっかりフォローをしましょう。ただし、新郎の父が新婦の歳を暴露したり、「晩婚」と言ったりするのはNG。相手側に失礼です。

Step up

ちょっとおどけた様子で

頭に手をやりながらちょっとおじぎをするしぐさで、にこやかに言いましょう。「晩婚」のマイナスイメージが消えて、会場の雰囲気もなごやかになるでしょう。

新婦側
父

両親・親族の謝辞

新婦側を代表して新郎を褒める

格調高く

1.5分

新郎側の謝辞に続いて新婦側の謝辞を頼まれた場合

両親の謝辞は新郎の父親だけが述べる場合以外に、新婦側も謝辞をする場合があります。導入は新郎側のスピーチと重複するため、なるべく手短にするとよいでしょう。

導入

ただいまご紹介にあずかりました、新婦の父・巣鴨雄一郎です。ひと言お礼のごあいさつを申し上げます。

内容

先ほどは新郎のお父様に過分に娘をお褒めいただき、恐縮です。褒め合いにはなりますが、私どももひと言、新郎について話させてください。

娘が正敏君を初めて家に連れてきたときのことです。彼は私の目をまっすぐに見て、「一生独身でもいいと思っていた僕が、愛美さんと出会い、愛する人と過ごす時間の大切さを知りました。けんかをしても、困難があっても、愛美さんとなら乗り越えられます。どうか、ふたりで家庭を築くことを応援してください」と言ったのです。私はそれまで、ふたりの結婚に対して不安を感じる部分もあったのですが、このひと言で、「この男に娘をまかせよう」と決心できました。「最近の若者は……」とこぼす歳になりましたが、正敏君は骨太の、しっかりとした男です。私も若者を見る目が変わりました。

結び

この先ふたりの人生には、多くの困難が待ち受けていることでしょう。ふたりが倒れそうになったときには、どうぞ皆様、そっと道しるべとなる杖《つえ》を手渡してやってください。本日はありがとうございました。

Step up

新郎への信頼を強い口調で

娘との結婚に賛成していなかったことを話すときは、いまは新郎を信頼し、全面的に賛成していることを強い口調で話します。「本当は賛成していないのでは」と、参列者に受け取られるような話し方にならないよう極力注意しましょう。

新婦側
母

両親・親族の謝辞

新婦が結婚後に退職する

明るく

1.5分

導入

本日はふたりのために大勢の方にお集まりいただき、本当にありがとうございます。また新藤様をはじめ、あたたかいご祝辞をくださった方、私どもの席までごあいさつに来てくださった方にも、あらためてお礼を申し上げるしだいです。

内容

亜紀子の職場での様子はいままでつゆ知らず、本日、皆様のご祝辞を拝聴するにつけ、本当にすばらしい職場で働かせていただいたのだな、と胸を熱くしております。新郎新婦ともに、今回の結婚退職については充分に話し合った結果ではございますが、「残念だ」と言ってくださる方には本当に申し訳なく思います。また、いままでのご支援、ご鞭撻《べんたつ》に心から感謝を申し上げます。

亜紀子はこれから家庭生活に専念いたしますが、これはこれで、たいへんな仕事です。ときには会社の皆様がなつかしくなることもあるでしょう。しかしいままでの経験を糧に、前向きに取り組んでくれることと思います。

結び

これからも、このふたりの行く末をどうぞあたたかく、そして厳しい目で見守っていただけますよう、お願い申し上げます。

本日はありがとうございました。

結婚退職する新婦の職場に気づかいのひと言を

結婚によって退職する場合は、参列してもらった職場関係者におわびと、これまでのお礼をかねたごあいさつをしましょう。新婦の気持ちをおもんぱかって「やむをえない結婚退職」であることも伝えます。

Step up

関係者に深くおじぎする

新婦の職場関係者の席に向かって、ていねいにおじぎしましょう。お礼を述べた後、マイクを避けて2～3秒、頭を下げて謝意を表します。

両親・親族の謝辞

父親が療養中で欠席している

導入

新婦の母・井上昌子でございます。新婦側を代表いたしまして、ひと言皆様にお礼のごあいさつを申し上げます。

本来ならば夫を前に押し出すところなのですが、あいにく病院のベッドから抜けられない状態でして……。私はこういう場に不慣れなもので、お聞き苦しいかとは思いますが、どうぞご容赦ください。

内容

本日は多くのあたたかいお言葉をいただき、ふたりが皆様からどれだけ祝福されているかを知って、心から感動しております。皆様のご祝辞を一つとして忘れずに病床の夫に伝え、ともにうれしさを分かち合おうと思っております。新郎の寛人さんは忙しいさなかにもかかわらず、昨日も夫の病室を見舞って、やさしいお言葉をかけてくださいました。病気になる前は頑固で口の悪い夫でしたが、昨日は寛人さんが病室を出たあとボソッと「美知子はいい男を選んだな」とつぶやいていたんですよ。きっといまごろ、結婚式の様子を想像してホロッとしているんじゃないかしら。

結び

私事の話ばかりで申し訳ありません。ふたりが今後よりよい家庭を築けますよう、どうぞお導きください。

本日は本当にありがとうございました。

しみじみ

1.5分

入院のため欠席している父親の代わりにあいさつ

父親があいさつをするのが通例なので、最初に理由を述べます。導入か結びの言葉で、夫の欠席に対するおわびのひと言を添えましょう。

Step up

参列者に心配をかけない

司会者が先に欠席の理由を述べた場合は、とくに理由を言わなくてもかまいません。病状を気にする人もいるので、重病でないなら、それとなくその旨を伝えましょう。

体験談

入院中の父から届いた祝福の手紙

母親が謝辞のときに「入院中の父親からです」と、手紙を読んでくれたことに感動しました。いまでも大切にとってあります。

（27歳女性　会社員）

新郎側 おじ

両親・親族の謝辞

両親が他界している

しみじみ　1.5分

導入

皆様、本日はお忙しいところ新郎・孝明と新婦・久美子の結婚披露宴にお越しいただき、誠にありがとうございます。また、たくさんのご祝辞を賜りましたこと、心より感謝を申し上げます。

私は孝明の父親の兄にあたりますが、幼くして両親を亡くした新郎の父親代わりを務めてまいりましたので、僭越《せんえつ》ながら一族を代表して皆様にお礼のごあいさつを申し上げます。

内容

本日は写真での出席となった孝明の両親は、孝明が小学生のときに事故で亡くなりました。以来私ども夫婦は、長男の隆介同様、孝明を本当の息子と思って育ててまいりました。私たちの育て方を、天国にいる弟夫婦がどう思っているのかと考えておりましたが、本日、このよき日が晴天に恵まれたことを思うと、どうやら納得してくれているらしいと安心しました。

私もガーデンパーティーというのは初めて出席しますが、これは「両親も空から出席できるから」という孝明の案です。その期待どおり、弟夫婦も精いっぱい祝福してくれているようです。

結び

孝明は一家の主《あるじ》となりましたが、これからがスタートラインです。どうぞ皆様、ふたりを正しい道にお導きください。ありがとうございました。

親代わりで新郎を育てたおじの気持ちを伝える

両親が他界した新郎のおじ・おばとして、幼いころから親代わりを務めていたなら、親族代表として心から祝福している気持ちを参列者に伝えます。ガーデンパーティーにからめて、空から両親が祝福しているなどと、ポジティブに話しましょう。

Step up　空を見上げながら

天国にいる新郎の両親をイメージできるよう空を見上げたり、手を空に向けたりしながら言うと、より思いが伝わるでしょう。

新郎側
おじ

両親・親族の謝辞

新郎の一族を代表して

明るく

1.5分

導入

新郎・啓太の伯父、信之でございます。啓太の父は2男4女のきょうだいの次男で、長男にあたります私が、今回の縁組で新田家の皆様と親類づきあいをさせていただくごあいさつを、一族を代表して申し上げます。

内容

私どものきょうだいは6人と、現代では数が多いほうです。またそれぞれが子だくさんに恵まれており、啓太のいとこは、上は40代のおじさんから、下は5歳の子どもまで、総勢20人もおります。本日はそのごく一部、なかでもとりわけおとなしいのを選んできたのですが、それでもこの騒がしさ。どうぞご勘弁ください。

啓太は、このにぎやかな一族のなかで生まれ育ちました。それがよかったのか悪かったのか、男のくせにちょっとおしゃべりすぎるかな、と私どもは思うのですが。まあでも、明るく陽気な性格であることは、美点であるとも思っております。

結び

このたびは、こんなにぎやかな親族に、美しく清楚《せいそ》な千春さんが驚かれたのではないかと、少し危惧《きぐ》しております。裏表がなく明るいだけが取り柄の私たちですが、どうぞこれを機に、この先は仲よく親族づきあいをしていただければと存じます。ありがとうございました。

一族を代表するおじとして気さくなあいさつを

親族中心の披露宴の場合は、父親の謝辞のあとで、おじ（おもに長男）が続けてあいさつをする場合もあります。堅苦しくない、気さくな言葉で今後の親戚づきあいをお願いしましょう。

Step up

代表になった理由を述べる

なぜ自分が一族の代表なのかを簡潔に述べておきましょう。長男でない場合は「仕事柄、こういう場にもっとも慣れているということで」「あいにく長男が他界しておりまして」などの理由をつけます。

新婦側
おじ

両親・親族の謝辞

新婦の一族を代表して

明るく

1.5分

導入

ただいまご紹介いただきました、新婦の母の長兄にあたる、近藤喜一朗と申します。新婦側の親族を代表いたしまして、ひと言ごあいさつをさせていただきます。

内容

今回の結婚では、一人暮らしをしている新婦の母・志津子をおもんぱかって、新郎の昌宏さんが母子とともに同居してくださるとのこと。いくらご次男であるとはいえ、その決断はたやすくできるものではありません。それだけで、昌宏さんのやさしさがよく伝わってきます。私たち親族一同も、遠くで暮らしている母子を長年気にしておりました。やはり一家に一人でも男手があるだけで、安心感がまるでちがいます。一族を代表して、このたびのご決断をくださった昌宏さんとご両親に、心からお礼を申し上げます。

結び

とはいえ、妹の志津子も、めいの美幸も、決して気の弱い母子ではありません。むしろその逆で、昌宏さんのほうが参ってしまい、実家に帰ってしまわれるのではと、そちらのほうが心配です。どうぞ昌宏さん、ふたりに負けないように。なにかあったら、私にいつでもご相談ください。

ともあれ、昌宏さんのご親族には、これを機会に末永いおつきあいをお願いしたく、これにてごあいさつといたします。

新郎が新婦の家で同居してくれる場合

新婦の父親がおらず、母子ふたり暮らしの家に新郎が同居してくれる場合は、そのやさしさをねぎらい、新郎と両親に向けてお礼の言葉を述べましょう。おじぎをするときは、新婦やその親族もそれにならいます。

Step up

ドンと胸をたたく

新郎に向かってメッセージを伝え、「自分を頼ってほしい」という言葉とともに、ドンと胸をたたくジェスチャーをまじえると、場がなごむでしょう。

新郎側
母

両親からの手紙

両親からの手紙 基本文例

しみじみ

3分

謝辞以外で、新郎新婦の父親や母親が本人たちにメッセージを贈りたい場合、司会者に手紙を読んでもらうという手段があります。ただし前もって、新郎新婦や司会者に時間や段取りの相談をしましょう。138ページからは3分以内に話せるよう1.5分の文例を紹介しています。

導入

聡史、友紀子さん、今日は本当におめでとうございます。**やっと**この日が来たのかと、これまでの月日をふり返って、とても感慨深く思います。おそらく由紀子さんのご両親も同じお気持ちでしょう。

内容

❶ 我が家は夫の転勤が多く、聡史が物心ついたころから、引っ越しをくり返しました。幼稚園を変わるときには、大好きな松岡先生や友だちともう会えないのが悲しくて、**毎日**泣いていましたね。そんな幼い息子を見て、夫は一時、単身赴任も考えていたようです。

でも私の考えはちがいました。この先も転勤はたくさんある。いっとき悲しくても、それで人間関係を解消するわけではないのだから、**前を向いて**歩いていってほしいと。幼い子どもには難しいことかもしれませんが、この先も幾度もの転勤を予想していた私として

導入

新郎新婦への祝辞

自分の息子や娘に対してだけではなく、新郎新婦ふたりに対してお祝いの言葉を述べます。息子（娘）への手紙とはいえ、相手の両親への配慮のひと言も忘れずに添えましょう。

内容

新郎新婦のエピソード

新郎（新婦）の幼少時のエピソードや思い出話をします。あまり内輪ウケの話にならないよう気をつけましょう。

太字▼強調

は、家族がいっしょに過ごせなくなることが何よりもつらいことだったのです。
聡史には、幼稚園で1回、小学生時代に2回、中学生時代に1回と、幾度も引っ越しを経験させてしまいました。歳を取るごとに、泣いたりすねたりすることはなくなりましたが、心中おだやかではなかったでしょう。❷**本当に**苦労をかけましたね。こんな私たち夫婦についてきてくれて、ありがとう。

結び

あなたが一人暮らしを始めたときも、ふと寂しさを感じたものですが、今回は**ついに**一家の主《あるじ》になるということで、親としての責任を果たせたとほっとする半面、親元から完全に巣立ってしまうのだな、とやや悲しい気持ちもあります。
これからは友紀子さんとふたりで、自分たちらしい、**明るく幸せな**❸家庭を作ってください。陰ながら応援しています。母より。

Point 1 参列者にもわかるように
個人の手紙ではなく、会場で披露される手紙なので、参列者にもわかるよう状況について簡潔な説明をします。

Point 2 素直な気持ちを伝える
ふだんは面と向かって言えないおわびやお礼の気持ちも、手紙なら素直に伝えられるでしょう。

結び はなむけの言葉
新しく夫婦となるふたりへのメッセージを託します。

Point 3 最後に軽くおじぎを
披露宴に出席している場合は、司会者が読み終わり拍手が起こると同時に軽くおじぎをします。やや腰を浮かせてもよいでしょう。

新婦側
父

両親からの手紙
披露宴を欠席するおわび

しみじみ

1.5分

導入

香澄、良平君、結婚おめでとう。そして本日会場にいらっしゃる皆様、お忙しいなかお越しいただき、ありがとうございます。

皆様に直接お礼を申し上げたい気持ちでいっぱいですが、情けないことに病床からの手紙で、ごあいさつさせていただきます。

内容

このめでたい日を目前にして私の入院が決まり、良平君とそのご両親にはたいへんご迷惑をおかけいたしました。式の延期という話も出ましたが、私はかたくなにそれを拒みました。私一人が出席できなくても、新郎新婦を思ってくださる皆様が来てくださるなら、それで充分ではないでしょうか。

ふたりが苦心してスケジュールを組み、一所懸命準備してきた結婚式です。きっとすばらしい宴になったことでしょう。そして会場の皆様に喜んでいただけたなら、こんなにうれしいことはありません。

結び

こういう席では「未熟なふたりをよろしく」というのが通例ですが、家庭を作るふたりには社会的責任を持った大人の自覚を持ってほしい。そしてこれからは、いままでお世話になった方に少しでもご恩返しをしてほしいと願っています。皆様、今後ともふたりをよろしくお願いいたします。

新郎新婦の親が披露宴を欠席する場合

突然の病気などで式や披露宴を欠席する場合は、手紙でのあいさつをおすすめします。相手側に迷惑をかけたおわびや、参列者へのお礼を中心にして、最後にふたりへのメッセージを添えましょう。

Step up

やむをえないことを伝える

披露宴にやむをえず出られなくて残念だという気持ちを手紙で伝えましょう。司会者や新婦（新郎）の母親が事情を簡単に説明して、手紙では欠席の詳細を省きます。

新婦側
母

両親からの手紙

母子家庭の母から娘へ

しみじみ

1.5分

導入

優子、恵介さん、結婚おめでとう。

優子から、「アットホームな披露宴だから、お母さんもスピーチしてよ」と頼まれたのですが、人前は緊張いたしますので、なにぶん手紙を読みながらのごあいさつで失礼をいたします。

内容

私ごとですが、今日まで女手一つで優子を育ててまいりました。私は外へ働きに出て、優子の世話をもっぱら両親にまかせておりましたが、気丈な優子は不平を言ったり泣きわめいたりせず、たいへん助かりました。でもある日、優子が泣きながら「お母さんクッキー作って」と言うのです。学校のお友だちに何か言われたのでしょう。菓子作りの経験はありませんでしたが、必ず作ると約束しました。翌日すぐにレシピ本を買って、徹夜でクッキーを作ったのを覚えています。味も形も上出来とはいきませんでしたが、「おいしい、おいしい」と喜んで食べていた優子の顔、いまも忘れられません。以来クッキーは、ふたりにとって特別な菓子になりました。

結び

このたび、優子が恵介さんというすばらしい方と家庭を作ること、本当にうれしく思います。ふたりの幸せを願ってやみません。本当に、おめでとう。

「離婚」は明言せずに参列者に伝える

母子家庭の場合、離婚したことよりも、それによって寂しい思いをさせたことを話題の中心にします。「離婚」と明言しなくても参列者は察してくれるはずです。

Step up

お祝いは面と向かって

ふたりへのお祝いは面と向かって伝えましょう。手紙を読み終えたら、会場に向かって深く一礼します。

体験談

父親から贈られた結婚祝いの詩

口下手な父親が自作の詩を朗読してくれました。決して上手とは言えませんが、僕たちのために一所懸命作ってくれたことに感動しました。

（30歳男性　大学職員）

披露宴中にインタビューされたら

歓談・食事中に指名されても あわてずに受ける

最近の披露宴では、歓談中に突然両親や親族にインタビューすることもあります。新郎の父親だけ謝辞を述べるのが一般的ですが、母親やお世話になった親族にもメッセージを贈ってもらいたいという、新郎新婦の希望からおこなわれるようです。

指名をされた場合、恥ずかしいからといってインタビューを断ったり、どうしようかとぐずぐず迷ったりすると、せっかくの楽しい宴が盛り下がりかねません。こういう事態もあらかじめ想定して、話題を考えておくとよいでしょう。

深呼吸をして 軽い気持ちでスピーチを

インタビューでは、司会者が次々と質問をして、それに答えるだけというものもあれば、「新郎新婦にひと言」とスピーチを頼まれることもあります。突然の指名に驚いていることは参列者も理解していますから、緊張を隠そうとせず、深呼吸をしたり「ちょっとお時間をください」と言ったりして、ゆっくりと時間を稼ぎましょう。

最初から組み込まれているスピーチではないので、硬い話でなくてかまいません。新郎新婦のエピソードのほか、ふたりへの応援メッセージなども喜ばれるでしょう。

突然インタビューされたときのポイント

- □ 断ったり迷ったりしない
- □ 落ち着いて深呼吸を
- □ 話が浮かばないときは祝言だけでも述べる
- □ できれば親族代表として参列者へのお礼を述べる
- □ お酒をたくさん飲んでいるときは、最初に断りの言葉を
- □ 相手側への配慮をする

新郎側 母

披露宴中にインタビューされたら
新婦へ応援メッセージを伝える

明るく
1.5分

導入

いずみ、美弥子さん、おめでとうございます。

内容

こんな事態を想定していなかったもので……なにを話していいか。ちょっと私事の話になりますことをお許しください。私は男所帯の一家で育ったせいか、女の子がほしくって。いずみを産むときは「絶対女の子を！」と思っていたんです。ですから息子は女の子みたいな名前なんですよ。そのことでは息子にずいぶん責められたものです。その後産んだ子も、皆男の子。これは定めだと思って、さすがにあきらめました。でもこうして美弥子さんのようなすてきな方が来てくれて……。先日も我が家にお招きしたんですが、やっぱり女の子はいいですね。お皿を洗ってくれたり、お茶を出してくれたり、気づかいがありますし、お花や食器の話をちゃんと聞いてくれる。夫も「家に女の子が一人いるだけで、こんなに華やぐものかね」と言っていました。私も一応女性なんですけどねえ。

もしも夫婦げんかが起きたら、美弥子さん、私はあなたの味方ですからね。何かあったらすぐかけつけますから、いつでも頼ってください。

結び

最後に、本日ご来場いただきました皆様には心からお礼を申し上げます。今後ともふたりをよろしくお願い申し上げます。

娘を産みたかった気持ちを素直に話す

母親として、女の子を産みたかったという本心を素直に話せば、新婦を心から歓迎している気持ちが伝わるはずです。同じ女性どうしだから気づく新婦のやさしさや気づかいなどを紹介してもいいでしょう。

Step up

新婦を安心させる

新婦にとって、新郎の母親には、何かと気をつかうことも多いはずです。披露宴で新婦の味方であることを話すと、新婦だけでなく、新郎の親族も安心するでしょう。

新郎側

おじ

披露宴中にインタビューされたら

結婚後、新郎新婦が外国に移住する

明るく

1.5分

酔っ払ってしまっていてもあいさつはしっかりと

お酒を飲んでいたときに指名されても、なるべくていねいに答えます。水を飲むなどして一息入れて、参列者にお酒が入っていることを断るひと言を述べるといいでしょう。

Step up

もう一度乾杯

会場がなごやかな雰囲気に包まれていたら、もう一度乾杯を促すのもよいでしょう。ただし起立は強制せず、ひと言添えるのが大切です。

導入

清志、奈津美さん、ご結婚おめでとうございます。

大役がまわってこないのをいいことに、すっかり安心しておいしいお酒を楽しんでいました。まさか、こんな赤ら顔を皆様の前にさらすとは……。清志、お前の策略じゃないのか？　まあ、ろれつもあやしく、お聞き苦しいとは思いますが、しばしご勘弁ください。

内容

皆様ご存じのとおり、新郎新婦は清志の仕事の関係で、来月からサンフランシスコに移住します。実は私も5年前からロサンゼルスに住んでおり、奇遇にも昨年結婚した娘がサンフランシスコに住んでおります。

外国で暮らすと聞いて、新郎新婦のご両親の気持ちはいかばかりかと思いますが、いまは簡単に飛行機で行き来できる時代です。また、妹夫婦は新郎新婦とも歳が近いため、何かと世話を焼いてくれるでしょう。私どもも邪険にされない程度に、新居にうかがいたいと思っております。

結び

奈津美さんのご親族も、これを機にぜひ、アメリカに遊びにいらしてください。皆で歓待いたします。

よろしければ皆様、再度ふたりを祝して乾杯をしたいのですが、いかがでしょうか？　どうぞお座りになったまま。それでは……乾杯！

新婦側 母

披露宴中にインタビューされたら

出産時のエピソードを語る

しみじみ　1.5分

話に困ったときは幼いころのエピソードを

突然の指名で話に困ったときは、新郎（新婦）の出産時や幼少時のエピソードを話すとよいでしょう。「おかげさまで無事に成長しました」と、参列者に感謝の気持ちを伝えます。

導入

突然のご指名で緊張しております。ちょっと、深呼吸をさせてください。

お待たせいたしました。まずは皆様、本日はふたりのためにお集まりいただき、ありがとうございます。多くのご祝辞をいただき、本当に感謝しております。

内容

緑は私の初めての子どもですが、出産の前も後も、たいへんなことばかりでした。出産前に仕事で無理をした私は2か月ほど入院。点滴の毎日を過ごし、結局1か月早い早産になって、無事に生まれるのかどうかハラハラしたものです。2050グラムで生まれた小さな緑は、おっぱいもミルクも飲もうとせず、一時は体重が減って本当に心配しました。幼少期も何かと病気がちで、救急車のお世話になったこともしょっちゅうでした。そんな緑が大きくなって、おかげさまで家庭を築くまでに成長いたしました。これもいままで支えてくださった皆様のおかげです。

結び

わがままで気の強い娘をもらってくれた幸治さん、本当にありがとうございます。これからはふたりで幸せな家庭を築いてください。

おめでとう。

Step up

深呼吸をする

緊張したときこそ、落ち着いて対応するよう心がけましょう。参列者を少々待たせてしまうおわびを述べてから、ゆっくり呼吸します。

体験談

ジェスチャーでひと呼吸おく

食べているときに呼ばれた母。ジェスチャーで「待って」の合図をし、気を鎮め水を飲んでひと呼吸。落ち着いたふるまいに感心しました。

（25歳女性　保育士）

新婦側
おば

披露宴中にインタビューされたら
新婦が妊娠している

明るく
1.5分

導入

利治さん、桃子ちゃん、ご結婚おめでとうございます。

皆様本日はご臨席ありがとうございます。桃子の母の姉にあたります、鈴木泰子と申します。

内容

桃子ちゃんが社会人になってからは、冠婚葬祭の席でしか会わず、やや疎遠になっていたのですが、このたびの結婚で、また少し距離が縮まりました。というのも、私は洋裁などの手仕事が好きで、このたびの結婚式では、桃子ちゃんから何かと相談を受けていたからです。本日皆様にご覧いただきましたブーケやウエルカムベアは、すべて私の指導のもと、桃子ちゃんが手作りしたものです。すごいでしょう。

そしていま私は、生まれてくる赤ちゃんのために、もっぱら服やよだれかけを作っております。桃子ちゃんからは「おばさん、先走りすぎよ」と笑われ、夫からもあきれられているのですが、どうにもうれしくって。私には孫がおりませんので、つい喜んで毎日ミシンを動かしてしまいます。

結び

桃子ちゃん、これからは新しい命のために、身体を大切にしてくださいね。利治さん、桃子ちゃんをよろしくお願いいたします。

最後に皆様のご健勝をお祈りして、ごあいさつとさせていただきます。

新婦の妊娠を喜ぶあいさつを

新婦が妊娠していることを披露宴で公表されているなら、新しい命の誕生を祝福する言葉を述べましょう。ただし、新郎新婦が妊娠の公表を控えている場合は、話題にするのを避けます。

Step up

さりげなくアピール

新婦が手作りしたものは、だれかが言わないかぎり手作りとは気づかれないものです。この場を借りて、さりげなくアピールしてもいいでしょう。心から祝福している気持ちが伝わります。

Chapter 4

披露パーティー・二次会でのスピーチ

披露パーティー・二次会でのスピーチとは

アットホームなパーティーでも参列者の顔ぶれは大切

大きな披露宴はおこなわず、披露パーティーという形で結婚を報告するケースも増えています。会場は格式のあるホテルではなく、カジュアルなレストランなどが主流です。また、儀式的なことは控えめにして、新郎新婦の個性を前面に出したオリジナルのパーティーも目立ちます。

とはいっても、そこに新郎新婦の両親・親族が参列するかしないかでスピーチの内容はずいぶん変わってきます。披露パーティーでのスピーチを依頼されたら、規模やカジュアル度合い、参列者の顔ぶれや人数などを確認しましょう。

二次会だからといってハメをはずしすぎないように

二次会にはたいてい仲のよい友人や同僚が招待され、新郎新婦の両親や親族、会社の上司などの年配者が参列することはまれです。目的はあくまで新郎新婦との会話を楽しむこと。二次会でスピーチを頼まれることは少ないでしょうが、もし役がまわってきたら、歓談の邪魔にならないよう、短くまとめましょう。

乾杯のあいさつも同様に、明るく発声し、シンプルにまとめます。

二次会では少しくだけたスピーチや余興も許されますが、やりすぎは禁物です。とくに下ネタには充分気をつけましょう。

披露パーティー・二次会でのスピーチ　準備のポイント

- □ 両親や親族が列席するかどうか確認する
- □ パーティーのカジュアル度合いを聞いておく
- □ 二次会で長々としたスピーチはNG
- □ 下ネタは極力避けて、ハメをはずしすぎないように
- □ 歌や漫才などの余興をするときは新郎新婦に相談を
- □ 堅苦しい口調より、カジュアルな話し方で

披露パーティー・二次会でのスピーチ 書き込み式フォーマット

※二次会で、新郎新婦の共通の友人が乾杯をかねてスピーチをする例

導入 自己紹介・祝福の言葉

（新郎の名字または名前）例 豊田　（新婦の名前）例 真由子

　　　　　　君、　　　　　　さん（ちゃん）、

あらためて結婚おめでとう！
今日は朝早くからお疲れさまでした。結婚式や披露宴も無事に終わって
ここからは気のおけない仲間たちとの二次会です。
どうぞリラックスしてくださいね。

内容 新郎新婦の人物紹介・はなむけの言葉

（新郎の名字または名前）例 豊田　（新婦の名字または名前）例 真由子

　　　　　　君と　　　　　　さん（ちゃん）は

（新郎新婦との思い出や、ふたりのなれそめを紹介）
例 大学２年のときにつきあいだして、実に８年もの交際を実らせました。でも一度、ふたりに大きな危機が訪れたことがあるのです。それは……（中略）

（はなむけ・助言）
例 でもそんな危機を乗り越えてゴールインしたふたりは、きっと強い絆で結ばれていると思います。どうかこれからも仲のいいふたりでいてね。

結び はなむけの言葉

（乾杯の音頭）
では、あらためてみんなでふたりを祝福したいと思います。
皆さんグラスの準備はよろしいでしょうか。
それでは

（新郎の名字または名前）例 豊田　（新婦の名前）例 真由子

　　　　　　君、　　　　　　さん（ちゃん）、

おめでとう！
乾杯！

新郎側
大学の友人

披露パーティー・二次会でのスピーチ 基本文例

明るく
3分

披露パーティーは、新郎新婦の手作り感が漂うフレンドリーなムードになるケースが多いでしょう。形式にとらわれず明るい祝辞を心がけてください。二次会は友人だけの場合が多いので新郎新婦の失敗談などで笑いを取るのもよいでしょう。
150ページからは3分以内に話せるよう1.5分の文例を紹介しています。

導入

憲一、佐代子さん、今日は本当におめでとう！
[1] 憲一、今日はさすがにお酒をセーブしてるな。

内容

僕と憲一は大学時代からの友人なんですが、どちらかというと、酒のつきあいが多いんです。
就職して2年ほどたったころ、久しぶりに会った憲一の飲みっぷりに、僕は**びっくり**しました。かたや憲一も、自分のペースについてこられる僕を見て驚いたようです。それからはすっかり意気投合。週に一度は朝までコースというつきあいをしています。
ある日、憲一の体調が悪そうなので**「帰れ」**と言ったら、**「酒を飲んだら治る！」**とかたくなに2軒目に連れて行かれたことがありました。**ところが**その店の長イスで憲一は伸びてしまい、時間がたつにつれて青い顔。嫌がる憲一をおぶってタクシーに乗せ、夜明け

導入
祝福の言葉
堅苦しくないお祝いの言葉でシンプルに始めます。

内容
新郎新婦の人物紹介
新郎新婦と、おもにどんなつきあいをしているか、そのつながりの深さなどを紹介し、忘れられないエピソードへとつなげます。

太字▼強調

の病院へ連れて行きました。そこで1時間点滴。待合室で眠りこけていた僕を起こしてくれた医者は、あきれ顔でした。以後、憲一は何事もなかったかのように、また飲み歩く毎日です。❷憲一、あれ本当に**大丈夫**だったのか？（大丈夫だよ。）ふーん、まあいいけどさ。

まあ、若いころは無茶ができたものですが、僕らも今年30歳。そろそろ体のことを考えないといけない時期です。❸佐代子さんには心配をかける話をしてしまいましたが、どうぞこの話をネタに、今後は憲一のお酒をコントロールしてやってください。**憲一**、おまえもあまり佐代子さんに心配かけるんじゃないぞ。

結び

と、こんな話をした後ではありますが、今日だけは少しご勘弁を。**せっかく**のハレの日ですから、皆でお酒を楽しみましょう。

最後にもう一度、**憲一**、**佐代子さん**、本当におめでとう。お幸せに！

Point 1 話の伏線をはる

これからお酒にまつわる話をするので、笑いながら新郎に話しかけ、伏線をはります。

Point 2 新郎に話しかける

高砂席との距離が近いパーティーや二次会では、新郎新婦との会話をスピーチに組み入れてもよいでしょう。

Point 3 失敗談のフォローを

ただのひやかしで失敗談をすると、新郎新婦の気を悪くするだけです。なぜその話をしたのか、理由を明かしてフォローしましょう。

結び はなむけの言葉

再度明るい声でお祝いをして、場を盛り上げます。

新郎側
高校の友人

新郎の学生時代の趣味を語る

披露パーティー・二次会でのスピーチ

導入

孝則、冴子さん、結婚おめでとう！

内容

僕が孝則と出会ったのは高校2年のときです。最初は「何だか暗いやつがいるなあ」と思っていたのですが、ある日英語の授業でアメリカのロックバンドの歌詞を習う機会があって。孝則が、何も見ないでサラッと歌詞を読み上げるのでびっくりしました。僕もそのバンドが好きだったので、「おまえ、もしかしてロック好きなの？」とたずねたら、なんと「ロックバンドを組んでいる」と意外な発言！　すっかりロック談義に花が咲き、それ以来、孝則のライブに通うことになりました。

ふだんの孝則は無口で地味ですが、ライブでは別人です。細身の革パンツをはいてギターをかき鳴らし、ステージ中を暴れまわります。初めて見たときはあっけにとられました。でもライブのあとに「お疲れさん！」と声をかけると、「どうも」とまたいつもの孝則に戻っています。女性は男の意外性にひかれると言いますが、冴子さんもそうだったんですか？　あ、ちがいますか。失礼いたしました。

結び

きっと冴子さんの前では、僕らの知らないまた別の孝則があらわれるのでしょう。とにかくおふたりとも、お幸せに！

明るく

1.5分

新郎の意外な一面を披露してひやかす

新郎の意外な一面を皆に披露します。新郎が赤面するさまをひやかすのも、披露パーティーや二次会の場なら許されるでしょう。学生時代ならではの恥ずかしいエピソードも、友人しかいない場ならOKです。

Step up

新婦に問いかける

新郎新婦はこちらのスピーチに耳を傾けているので、とっさに質問をしても、ちゃんと答えてくれるでしょう。フレンドリーな会話で笑いを取るのも一考です。

新郎側
高校の友人

披露パーティー・二次会でのスピーチ

新婦に聞いた新郎の初対面の印象

明るく

1.5分

導入

裕司、明日香さん、今日はお疲れさま。ここからは気がおけない仲間たちの二次会なので、リラックスしてください。

内容

実はこのスピーチのために、僕は裕司に黙って明日香さんに取材をしました。テーマは「新郎の初対面の印象」です。話を聞いて、「これは裕司のために隠しておいたほうがいいかな……」と思ったのですが、こんなおもしろいネタを独り占めするのもつまらないので、ここで披露します！

裕司の初対面の印象はずばり「お調子者で苦手」！　ふたりは飲み会で出会ったのですが、裕司君、あなたはいろんな女の子に「アドレス教えて」と聞きまくっていたそうですね。翌日から何度も明日香さんにメールをしたのに、「返信が来ない」とぼくに嘆いていましたが、明日香さんからしたら「ふん、みんなに送ってるんでしょ」と憤慨していたそうですよ。

まあでも、ここで友人としてフォローをすると、照れ屋の裕司は明日香さん一人にアドレスを聞くのが恥ずかしくて、わざとそんな小細工をしたのでしょう。そうだよな、裕司。

結び

え〜、とにかくそんなすれちがいをへて、みごとにゴールインしたふたりを再度祝福したいと思います。本当におめでとう！

二次会のために新婦に軽い取材を

スピーチの内容に困ったときは、前もって取材をするのが鉄則です。新郎新婦を別々に取材すると、互いに知らなかった一面がわかって盛り上がります。

Step up もったいぶって期待をあおる

少しもったいぶった態度をとって、参列者の耳をひきつけます。「披露します！」と大きな声で言って、大げさな演出をしましょう。

体験談 アンケートを披露宴で紹介

友人たちから新郎新婦に事前にアンケートが渡されました。当日新郎新婦それぞれの回答が披露され、意外な答えに大盛り上がり！

（27歳女性　家事手伝い）

新郎側

職場の同僚

披露パーティー・二次会でのスピーチ

新郎が仕事に熱心

明るく

1.5分

導入

高井君、祥子さん、ご結婚おめでとうございます。「気さくな雰囲気で」という新郎新婦の願いが込められたパーティーですので、ぼくも堅苦しくないあいさつでお祝いをしたいと思います。

内容

高井君と僕は、編集者という仕事柄、せわしない毎日を送っています。でも要領のいい高井君はいつもすばやく仕事を片づけて退社するので、空っぽになった隣のイスを見て、苦い思いをする毎日です。

そんな高井君も、1週間会社に泊まり込んだことがあります。ある企画を「ニーズがない！」という理由で編集長にはねつけられた高井君は、単独でリサーチを開始。昼間はいたるところでアンケートをし、夜はそれをまとめて企画書を練り上げ、資料を集めるという日々……。さすがの編集長もその根気と確かな取材力に感心し、企画はみごとパスしました。

クールだと思っていたら、案外熱い男だった高井君に、僕は大いに編集者魂を刺激されました。あのときから心の中で「師匠」と呼んでます。

結び

しかし熱いのは仕事に対してだけじゃなかったんですね。こんなに美しい祥子さんの心も射止めて……。これからはプライベートでも「師匠」と呼ばせていただきます！　本当におめでとうございました。

仕事熱心な新郎に刺激されたエピソード

同僚としてスピーチするなら、新郎の優秀さを、具体的なエピソードで語ります。「同僚として刺激された」などと話せば、新郎の仕事に対する真摯《しんし》な姿勢を伝えられるでしょう。

また文例のように、硬い話と思わせて、「師匠」と呼んでいる秘密を打ち明けるなど、笑い話でしめるのも効果的です。

Step up

笑いかけながら

新郎をめいっぱい褒めた後に、ひやかします。笑いかけて新郎を見ながら、ゆっくりと「しかし……」と切り出しましょう。

新婦側
大学の友人

手作りパーティーを褒める

明るく

1.5分

導入

仁美、和彦さん、ご結婚おめでとうございます。

内容

今日の祝宴は、ふたりが何日もかけて準備したすばらしい手作りパーティーです。会場の花はすべて、フラワーコーディネーターの仁美が飾りました。それぞれの席に置いてある花かごは一つずつちがっていて、テーブルにすわる顔ぶれから、仁美がイメージをふくらませてコーディネートしたそうです。ご両親とご親族のいらっしゃるテーブルには、華やかな赤色のサルビア。この花には、「家族愛」という花言葉があるそうです。ちなみに未婚女性が多い私たちのテーブルに飾ってある紫色の花はアガパンサス。花言葉は「愛の訪れ」だとか。ありがとね、仁美。

がんばったのは仁美だけではありません。このウエディングケーキを見てください！　これはパティシエの和彦さんが徹夜で作ったオリジナルケーキです。食べるのがもったいないほどすてきな出来ですが、味ももちろん保証いたしますので、皆さん、あとでいただきましょうね。

結び

ふたりはゆうべからパーティーの直前まで大忙しでした。主役なのに、ゲストを思ってがんばるふたりのやさしさが、ひしひしと伝わってきます。

ふたりとも本当にありがとう。そしてもう一度、おめでとう！

司会者の役目も担ってあいさつをする

新郎新婦が手作りパーティーのために陰で努力していたなら、司会者がふたりのがんばりを披露して、褒めるといいでしょう。

Step up

冗談めかしてお礼を言う

ここはていねいに言うと、かえって嫌みに聞こえてしまいます。少し笑いながら、冗談めかしてお礼を言いましょう。

新婦側
高校の友人

新婦の学生時代を語る

披露パーティー・二次会でのスピーチ

明るく

1.5分

導入

美穂、宏道さん、今日は朝早くからたいへんでしたね。疲れているとは思うけど、なにせ主役なんだから、もう少し私たちにつきあってください。披露宴では緊張してあまり食べられなかったでしょう。二次会では大いに飲んで食べてくださいね。

内容

私は美穂と10年来のつきあいなんですが、美穂をひと言であらわすと「負けず嫌い」。高校のとき、昼休みに軽い気持ちでバドミントンをしたのですが、私が勝ったとたん、美穂の負けず嫌いに火がつきました。それからは毎週日曜日に体育館でバトル。毎週ですよ、毎週。朝、電話が来るんです。「今日は○○体育館に集合ね！」って。あれは……3か月くらい続いたよね？　バドミントンに飽きたと思ったら、次は卓球。それもまた毎週……。貴重な青春時代の大部分を美穂に捧げてしまいました。まあ、そんな美穂につきあって張りあう私も、相当な負けず嫌いなんですけどね。

結び

結婚生活では意地を張りすぎず、宏道さんと仲よくね。それではふたりをあらためてお祝いするために、もう一度乾杯のご協力をお願いします。

（グラスの準備を確かめてから）

美穂、宏道さん、おめでとうございます！

新婦の性格をあらわすエピソードを紹介

新婦の学生時代の友人として、とっておきのエピソードを紹介しましょう。「負けず嫌いだった」「泣き虫だった」など、新婦の性格を友人ならではの視点で語ります。

Step up

ねぎらいの言葉から始める

二次会の場合は、必ずしも祝言を先に言わなくてもかまいません。結婚式→披露宴→二次会と、朝からたいへんだったふたりをねぎらう言葉で始めて、リラックスさせましょう。

新婦側
職場の同僚

披露パーティー・二次会でのスピーチ

新婦が仕事を優先するタイプ

明るく
1.5分

導入

ゆかり、結婚おめでとう。斎藤さん、結婚おめでとうございます。
いやー、やっとこの日が来たか……と、まるで母親のような気分です。あ、ちなみに新婦とは同い年です。一応断っておきます。

内容

ゆかりは本当に仕事熱心で、性格も明るいし、申し分のない女の子です。申し分がないんだけど……ただ一つ、不器用なんですね。斎藤さんの前ではありますが、ゆかりだっていままで、それなりに男性からのお誘いはありました。でもいつも仕事を優先しちゃうんです。デートよりも仕事を優先しちゃうって、悲しい性《さが》ですよね。それが積もり積もって、いつもダメになっちゃう。本人も「結婚したい」が口癖になっていましたが、理解してくれる相手が見つからず、悩んでいました。
そこに斎藤さんの登場です。年上の余裕でしょうか、包容力があるのでしょうか。ゆかりの言葉を借りれば「『がんばっているゆかりが好きだから、めいっぱい仕事しておいで』といつもにこやかに応援してくれる」すてきな人だそうです。これ以上のノロケはありませんよね！

結び

そしてこのたびのゴールイン。本当によかったね。仕事も大切だけど、持つべきものはよき理解者ですよ。斎藤さんを大切にしてね。お幸せに。

仕事優先で婚期を逃していた新婦を祝福する

結婚のタイミングを逃して嘆いていた新婦について話します。「婚期が遅い」というのは、新婦の両親がいる披露宴などではタブーですが、親しい友人ばかりのパーティーならOKでしょう。フォローも忘れずに。

Step up

異性経験はサラッと

結婚式で異性経験について話すのは本来タブーですが、新郎新婦がそれなりに経験を重ねていて、軽い話もできる気さくなパーティーなら許されるでしょう。ただし、この場合でも、くわしくは話さず、サラッと流す程度にするのがマナーです。

新郎新婦共通
大学の友人

披露パーティー・二次会でのスピーチ

新郎新婦のなれそめを語る

明るく

1.5分

導入

「啓太君、朝子、結婚おめでとう！
　さっきから会場の一角がまるで同窓会のようになっています。啓太君と朝子は大学時代からおつきあいを始めて、互いの友人ぐるみで何年もの月日を過ごしました。朝子は私たち仲よしグループのなかでもいちばん奥手で、啓太君とつきあい始めたころは、皆で多くのアドバイスをしたものです。半分以上は無責任な発言でしたけど……。

内容

　忘れもしない啓太君の最初の誕生日。私たちは1か月も前から勉強そっちのけで、プレゼントに何を贈るか相談しました。でも皆言うことがまとまりませんでした。悩んだ末に朝子が贈ったのは、マフラー、手作りケーキ、財布、ライブチケットの詰め合わせという、豪華なんだか節操がないんだかわからないプレゼント。あとで啓太から「あれは引いたよ……。よけいなアドバイスするなよ」と怒られました。

結び

　まあとにかく、そんな私たちのおかげで、いちばん奥手だった朝子が仲間でいちばんに結婚できて、よかった……と思う半面、なんだか納得できない気もします。朝子、今度は私たちに結婚へのアドバイスをしてちょうだい！　啓太君、どうかいい男性を紹介してくださいね。

つきあい始めたころのエピソードを披露

　大学のころから新郎新婦両方を知っている友人を代表して話すなら、ふたりがつきあい始めたころのういういしいエピソードと、仲間の笑い話を披露しましょう。

Step up

新郎新婦へのお願いで結ぶ

　通常は新郎新婦への再度の祝言で結びますが、ふたりと仲がよく、会場にも知り合いがたくさんいる場合は、イレギュラーなパターンでもよいでしょう。

新郎新婦共通
大学の友人

披露パーティー・二次会でのスピーチ

新郎新婦の交際を知らなかった

明るく

1.5分

交際当時のエピソードを友人の立場で披露する

ふたりが交際する前や交際直後のころのエピソードを紹介します。会場に仲間が多くいる場合は、多少内輪ウケの話になってもよいでしょう。

導入

宗輔、茜ちゃん、結婚本当におめでとう。

内容

まさかふたりがこんなふうになるとは……。お恥ずかしい話ですが、同じサークルにいて、ふたりがつきあっているのを知ったのは交際が始まってから1年もたったころでした。

僕らは大学時代にアウトドアサークルを作り、毎週のように「パラグライダーだ、ラフティングだ」と集まっていました。こんなことを言うとあとで叱られそうですが、髪形や服装はそっちのけで果敢に岩やら波やら空やらに挑み、男同様にがっつり食べる女性陣を見て、とてもこのサークルで恋は芽生えないな……と思っていました。

ところがある日、僕は見てしまいました。皆で道を歩いているとき、ふと最後列にいたふたりをふり向くと、なんと手をつないでいるではありませんか！　驚く僕にふたりが言った言葉は「あ～…、ばれちゃった」。なんだか拍子抜けしてしまいました。

あれから3年、無事にふたりが結婚できてよかったです。茜ちゃんも女性陣もすっかり人間らしく……いや、美しくなりました。

結び

ふたりとも、これからは水くさい隠しごとはやめてくれよ。おめでとう！

Step up

新婦やその友人をひやかす

女性の容姿などをひやかすのは本来好まれませんが、気のおけない仲間で、両親などがいない場合ならOKでしょう。友人としてふだんの話し方にしたほうが、祝福の気持ちは伝わることもあります。

新郎新婦共通

職場の上司

スピーチと乾杯をかねる

披露パーティー・二次会でのスピーチ

明るく

1分

導入

松田君、大峰さん、ご結婚おめでとう。

今日は私をふくめ、ふたりの職場関係者が大勢来ていますが、なにぶん気さくな会社なので、こういう堅苦しくないパーティーは大歓迎です。

内容

会社でのふたりは、松田君が先輩、大峰さんが後輩にあたり、ふたりとも実直に仕事をしてくれています。上司の私から見ると、松田君が大峰さんに「そんなことも知らないの？」と、先輩風を吹かせていることが多いかな。

きっとこれからは、松田君の発言にぐっとこらえてきた大峰さんが、家庭で大逆襲をするのでしょう。松田君もこれからは女性への発言に気をつけたほうがいいよ。

結び

今日は心ゆくまで、皆で新郎新婦を祝いましょう。僭越《せんえつ》ながらこのまま乾杯の音頭をとらせていただきます。皆様グラスの用意はよろしいですか？　それでは、

乾杯！

（会場「乾杯！」）

ありがとうございました。

乾杯をかねたスピーチは簡潔にまとめる

披露パーティーでは、スピーチと乾杯の音頭をセットで頼まれることがあります。宴の最初を飾るスピーチなので、長々と話さず、簡潔に明るくまとめましょう。

Step up

オリジナルパーティーを褒める

披露宴をせず、パーティーだけを開くことに抵抗を感じる人もいますが、自分はこういうパーティーを歓迎する、とひと言述べると新郎新婦もほっとするでしょう。

新郎新婦共通

職場の同僚

披露パーティー・二次会でのスピーチ

職場結婚を祝福する

明るく

1.5分

導入

吉岡君、葉月さん、結婚おめでとうございます。

毎日会社で顔を見ているふたりですが、今日の吉岡君はピシッと決まっていてかっこいいね。葉月さんも、とってもきれいだよ。

内容

何を隠そう、会社で最初にふたりの交際に気づいたのは私なのです。新居に葉月さんを呼んだら、「会社の人とふたりで行くから」と言うのです。だれと来るのかな？　と思っていたら、相手は吉岡君。職場で顔を合わせているとはいえ、「そんなに仲がよかったっけ？」と驚きました。しかも、いつもはクールな葉月さんが、吉岡君の前ではほがらかに笑いながら食器を並べたり、ケーキを渡してあげたりするのです。これでピンと来ない人はいません。早速ふたりを質問責めにしたら、クールな葉月さんに逆戻り。「ほかの人には絶対言わないでよ」ときつく口止めされてしまいました。

以来、会社でふたりを見かけるたびに、独りほくそ笑んでいました。そんな私を見て照れる吉岡君と、対照的にキッとにらむ葉月さん……。

結び

でも私は知っています。結婚生活では、葉月さんは吉岡君にほがらかに笑いながら尽くしているはず……。あ、またにらまれました。怖いのでこのへんで切り上げます。それではおふたりとも、末永くお幸せに！

職場とはちがう意外な一面を披露する

新郎新婦が同じ職場で働いていて、会社関係者が多数を占めるパーティーなら、自分だけが知っている新郎新婦の意外な一面を披露しましょう。いつもは気の強い新婦や、つねに冷静な新郎が赤面するようなエピソードを紹介して、ここぞとばかりひやかします。

Step up

ふたりの容姿を褒める

新郎新婦のすてきな晴れ姿を見た感想を率直に述べることも、お祝いの言葉になります。ふたりのほうを見て、感情を込めて言いましょう。

監修者

ひぐちまり

結婚ジャーナリスト。外資系銀行、建築企画会社を経てブライダル業界へ。1987年にジミー・カーター元米国大統領を迎えたプライベートレセプションを担当した経歴を持つ、おもてなしのスペシャリスト。88年からブライダル事業に携わり1万組の結婚式を手がける。結婚式のマナーやしきたりを熟知し、今後の結婚式のトレンドを分析・予想。新郎・新婦の立ち居振る舞いレッスンをはじめ、講演、テレビ、雑誌などでも幅広く活躍。
URL　http://higuchimari.jp/

〈監修書〉

『ウエディングのマナーとコツ』（学習ホールディングス）、『子供の結婚 親の役割がすべてわかる本』（ナツメ社）など

編集協力　㈱童夢
執筆協力　岡　未来
デザイン　小池佳代（regia）
イラスト　安ヶ平正哉、渡部伸子（rocketdesign）
Ｄ Ｔ Ｐ　天龍社

話し方・マナー・演出のコツがわかる
結婚式 短いスピーチ

監修者　ひぐちまり
発行者　高橋秀雄
発行所　**株式会社 高橋書店**
〒170-6014 東京都豊島区東池袋3-1-1 サンシャイン60 14階
電話　03-5957-7103

ISBN978-4-471-01311-0　©TAKAHASHI SHOTEN　Printed in Japan

本書の内容についてのご質問は「書名、質問事項（ページ、内容）、お客様のご連絡先」を明記のうえ、郵送、FAX、ホームページお問い合わせフォームから小社へお送りください。

回答にはお時間をいただく場合がございます。また、電話によるお問い合わせ、本書の内容を超えたご質問にはお答えできませんので、ご了承ください。本書に関する正誤等の情報は、小社ホームページもご参照ください。

【内容についての問い合わせ先】
書　面　〒170-6014 東京都豊島区東池袋3-1-1 サンシャイン60 14階　高橋書店編集部
Ｆ Ａ Ｘ　03-5957-7079
メール　小社ホームページお問い合わせフォームから　(https://www.takahashishoten.co.jp/)

【不良品についての問い合わせ先】

ページの順序間違い・抜けなど物理的欠陥がございましたら、電話03-5957-7103へお問い合わせください。

ただし、古書店等で購入・入手された商品の交換には一切応じられません。